中华文化风采录

传统建筑艺术

雄伟的府衙

柳敏夏 编著

北方妇女儿童出版社
·长春·

图书在版编目（CIP）数据

雄伟的府衙 / 柳敏夏编著. —长春 ： 北方妇女
儿童出版社，2017.1（2022.8重印）
（传统建筑艺术）
ISBN 978-7-5585-0652-9

Ⅰ．①雄… Ⅱ．①柳… Ⅲ．①地方政府－行政建筑－
古建筑－介绍－中国 Ⅳ．①K928.71

中国版本图书馆CIP数据核字(2016)第311420号

雄伟的府衙

XIONGWEI DE FUYA

出 版 人	师晓晖
责任编辑	吴　桐
开　　本	700mm×1000mm　1/16
印　　张	6
字　　数	85千字
版　　次	2017年1月第1版
印　　次	2022年8月第3次印刷
印　　刷	永清县晔盛亚胶印有限公司
出　　版	北方妇女儿童出版社
发　　行	北方妇女儿童出版社
地　　址	长春市福祉大路5788号
电　　话	总编办：0431-81629600

定　　价　　36.00元

习近平总书记说："提高国家文化软实力，要努力展示中华文化独特魅力。在5000多年文明发展进程中，中华民族创造了博大精深的灿烂文化，要使中华民族最基本的文化基因与当代文化相适应、与现代社会相协调，以人们喜闻乐见、具有广泛参与性的方式推广开来，把跨越时空、超越国度、富有永恒魅力、具有当代价值的文化精神弘扬起来，把继承传统优秀文化又弘扬时代精神、立足本国又面向世界的当代中国文化创新成果传播出去。"

为此，党和政府十分重视优秀的先进的文化建设，特别是随着经济的腾飞，提出了中华文化伟大复兴的号召。当然，要实现中华文化伟大复兴，首先要站在传统文化前沿，薪火相传，一脉相承，弘扬和发展5000多年来优秀的、光明的、先进的、科学的、文明的和自豪的文化，融合古今中外一切文化精华，构建具有中国特色的现代民族文化，向世界和未来展示中华民族具有独特魅力的文化风采。

中华文化就是中华民族及其祖先所创造的、为中华民族世世代代所继承发展的、具有鲜明民族特色而内涵博大精深的优良传统文化，历史十分悠久，流传非常广泛，在世界上拥有巨大的影响力，是世界上唯一绵延不绝而从没中断的古老文化，并始终充满了生机与活力。

浩浩历史长河，熊熊文明薪火，中华文化源远流长，滚滚黄河、滔滔长江是最直接的源头，这两大文化浪涛经过千百年冲刷洗礼和不断交流、融合以及沉淀，最终形成了求同存异、兼收并蓄的辉煌灿烂的中华文明。

中华文化曾是东方文化的摇篮，也是推动整个世界始终发展的动力。早在500年前，中华文化催生了欧洲文艺复兴运动和地理大发现。在200年前，中华文化推动了欧洲启蒙运动和现代思想。中国四大发明先后传到西方，对于促进西方工业社会形成和发展曾起到了重要作用。中国文化最具博大性和包容性，所以世界各国都已经掀起中国文化热。

中华文化的力量，已经深深熔铸到我们的生命力、创造力和凝聚力中，是我们民族的基因。中华民族的精神，也已深深根植于绵延数千年的优秀文化传统之中，是我们的精神家园。但是，当我们为中华文化而自豪时，也要正视其在近代衰微的历史。相对于5000年的灿烂文化来说，这仅仅是短暂的低潮，是喷薄前的力量积聚。

中国文化博大精深，是中华各族人民5000多年来创造、传承下来的物质文明和精神文明的总和，其内容包罗万象，浩若星汉，具有很强的文化纵深感，蕴含丰富的宝藏。传承和弘扬优秀民族文化传统，保护民族文化遗产，已经受到社会各界重视。这不但对中华民族复兴大业具有深远意义，而且对人类文化多样性保护也有重要贡献。

特别是我国经过伟大的改革开放，已经开始崛起与复兴。但文化是立国之根，大国崛起最终体现在文化的繁荣发展上。特别是当今我国走大国和平崛起之路的过程，必然也是我国文化实现伟大复兴的过程。随着中国文化的软实力增强，能够有力加快我们融入世界的步伐，推动我们为人类进步做出更大贡献。

为此，在有关部门和专家指导下，我们搜集、整理了大量古今资料和最新研究成果，特别编撰了本套图书。主要包括传统建筑艺术、千秋圣殿奇观、历来古景风采、古老历史遗产、昔日瑰宝工艺、绝美自然风景、丰富民俗文化、美好生活品质、国粹书画魅力、浩瀚经典宝库等，充分显示了中华民族厚重的文化底蕴和强大的民族凝聚力，具有极强的系统性、广博性和规模性。

本套图书全景展现，包罗万象；故事讲述，语言通俗；图文并茂，形象直观；古风古雅，格调温馨，具有很强的可读性、欣赏性和知识性，能够让广大读者全面触摸和感受中国文化的内涵与魅力，增强民族自尊心和文化自豪感，并能很好地继承和弘扬中国文化，创造未来中国特色的先进民族文化，引领中华民族走向伟大复兴，在未来世界的舞台上，在中华复兴的绚丽之梦里，展现出龙飞凤舞的独特魅力。

隋代县衙——潞安府衙

江苏首衙——淮安府衙

最大县衙——平遥县衙

清代首衙——直隶总督府

潞安府衙

　　潞安府衙位于山西省长治市西南部，是山西省保留下来的最古老的衙门。它最初建于隋朝开皇年间，也就是581年至600年。

　　在随后相当长的历史时期内，潞安府衙经历了多次重修和扩建。

　　潞安府衙历经沧桑巨变，除上党门基本保持完好外，原府衙建筑格局已逐渐模糊，建筑构件也日益散落了。

李隆基发迹后兴修潞安府衙

潞安府衙位于长治市西南部,是全国重点文物保护单位。

潞安府衙建于581年至600年,即隋代开皇年间。府衙坐北朝南,后世保存下来的有大门、钟鼓二楼、府二堂、办公院和西花园等建筑。大门与钟鼓二楼平行排列,台基高峙,主从有别,错落有致。

大门面宽3间,进深四椽,明间辟门,两次间青砖砌筑扇面墙,单檐悬山顶。钟鼓二楼青砖砌筑城垛、券洞、踏道,上筑阁楼,广深3间,重檐歇山顶。

府衙东侧的钟楼名为"风驰",西侧的鼓楼名为"云动",具有高耸入云的意思。钟鼓楼

潞安古建

斗拱密致，脊兽华丽，与门庭高低错落，交相辉映。是一处地方衙署中富有民族风格的门庭式古建筑。

　　早在隋朝开皇时期，就已经有了潞安府衙。这所府衙最重要的地方就是大门，叫作"上党门"。

　　上党门位于长治市区中心地段府坡街北端的高冈上，这里属于原来古城西北部，它依地就势，巧借天然，建筑宏伟独特，是古代上党郡署，即潞安府衙的大门。

　　门楼海拔1000米，传说楼顶与长治市东边的太行山顶一样高，当登楼远眺，城中景色尽收眼底，远山近水尽收眼底。长期以来，一直就是长治市的标志性建筑物。

　　关于"上党"的含义，东汉末年训诂著作《释名》中解释："党，所也。在于山上，其所最高，故

■ 重檐歇山顶　歇山顶又叫九脊殿。除正脊、垂脊外，还有4条戗脊。正脊的前后两坡是整坡，左右两坡是半坡。重檐歇山顶的第二檐与庑殿顶的第二檐基本相同。宫殿建筑中重要大殿多采用重檐歇山顶。

《释名》汉代学者刘熙撰写的一本专门解释汉代常用词语来历以及用法的典籍。全书共分为8卷，书中用声音相同或相近的字来解释词义。

■ 潞安府衙偏堂

曰上党。"

古人说："居太行之巅，地形最高，与天为党也。"这里的"党"又有拉帮结伙和结党的意思。总体来说，"上党"两字的意思，就是太行山上最高的集团。

上党门历史悠久。在战国时期，七雄之一的韩国为了加强军事防御，巩固其国土，于公元前348年立上党为郡，在此设立治所，后成为韩国的陪都。在长平之战前，郡守冯亭为防止秦军占领上党，将上党郡又交给了赵国。

公元前260年，秦赵长平争战结束，第二年秦军攻下上党郡署，控制了上党地区，秦朝实行了郡县制度，分天下为36郡，上党郡为36郡之一，治所在上党

郡 我国古代的行政区划单位之一。始见于战国。秦统一天下设三十六郡，后汉起，郡成为州的下级行政单位，介于州刺史部和县之间。隋朝废郡制，以县直隶于州。唐武则天时曾改州为郡。明清称府。

门北边附近。

公元前218年，秦始皇东游封泰山，后来从上党地区返回。由此，有人推测秦始皇应该在上党郡署住宿过。汉朝时期沿袭了秦朝的行政区划，仍在原址置上党郡。

在三国两晋南北朝时期，由于政权不断更替，上党郡治所数度迁徙，曾迁往安民城和潞城及长治等多处地方。直至440年北魏建立，上党郡才重新迁移到了上党门一带。

596年，隋朝重建上党郡，建上党门，以后上党治所就固定下来了，再也没有迁移过。

708年，一直是军事重镇的潞州城迎来了身为唐朝临淄郡王的李隆基，此时，他担任的职务是潞州别驾，也就是刺史的副职。所谓别驾，就是侍驾在旁的一个闲职。

然而这位别驾可是不一般呢！展现在潞州百姓面前的这位年轻人，20岁出头的年纪，红袍金带，"仪范伟丽"，他真的是一位风度翩翩的美少年，帝室之后，果真名不虚传。

李隆基在上党这里，就算是顶头上司也不敢对他有所怠慢，他在这里的所见所闻让他大开眼界，他再也不是那个青涩和无知的少年，此时的他早已洞察了一切。他视上

长平之战 发生在公元前262年，前后耗时3年，是我国历史上最早和规模最大的包围歼灭战。此场战争，发生于最有实力的秦赵两国，极大地加速了秦国统一中国的进程。

■唐明皇李隆基蜡像

■ 潞安府衙拱门

党之地为"王业所基",因此,他特别在此地修了一座"德风亭"。

德风亭位于潞安府衙三堂北岸边,亭西有条辇道直通游岭,是潞州城远眺的最佳位置,三垂冈、老爷山、五龙山,简直回肠荡气。李隆基要在这里树立他的"德风",用他的无形感召力建立起属于他的权威。

于是,李隆基招揽了一批能人异士。他常与潞州名士、幕僚在上党门北面的游岭赏景,并和他们在这里赋诗、评论国事。

每每谈到唐太宗的"贞观之治",李隆基往往仰天长叹,无限感慨,当大家谈到各自的抱负时,他又一言不发,大家问他,他笑而不答。酒到酣处,他离席起舞吟唱起汉高祖的《大风歌》。

李隆基在潞州神隐了两年多,他把这里治理得非常好,百姓安居乐业,五谷丰登。这时,李隆基觉得万事俱备,只欠东风了。

于是,他先设计了一些"龙飞"的预兆,如"寝壁蜗篆天子字"之类的流言向百姓传播,就是让蜗牛在寝室的墙壁上爬出篆书的"天子"字。接着又创造出四野呈现"黄龙升天""紫云绕室"和"赤鲤腾

幕僚 指古代幕府中的参谋和书记等,后来泛指文武官署中的辅助人员,一般是指有官职的人。由于职位设于幕布之中,所以又叫"幕府";而统率左右的僚属,也因之被称为"幕僚"或"幕职"。

跃"的祥瑞景象，并不断传播这些对他有利的流言。

在这个时候，在潞州人的心目中，李隆基俨然已经是未来的皇帝了。这时李隆基再找人占卜，说是"仲冬一阳动，当登大位"。

709年，也就是景龙三年冬，李隆基在《还京乐》鼓吹曲的引导下，由潞州带来的一帮心腹之人的护卫下，浩浩荡荡回归长安。

710年，李隆基诛杀了朝中乱党，他先使自己的父亲唐睿宗李旦复位，过了一年多时间，712年，李隆基做了皇帝，即历史上著名的唐玄宗，也称唐明皇。他由潞州带去的一班人，因平乱有功，这些人都被他视为心腹之人，委以重任。

贞观之治 指我国唐太宗在位期间的清明政治。由于唐太宗能任人廉能，知人善用，还采取了以农为本、休养生息等政策，使得社会出现了安定的局面。当时年号为"贞观"，所以史称"贞观之治"。

《大风歌》 汉高祖刘邦年轻时，在与朋友饮酒时来了兴致，他借着酒劲儿唱的一首歌曲。这首歌只有短短的3句，但却表达出刘邦的宏伟志向和远大的理想抱负，以至于流传千古。

007

隋代县衙

潞安府衙

阅读链接

唐玄宗李隆基酷爱音乐，具有极高的音乐天赋和才能，他是一位才华出众的作曲家、演奏家、乐队指挥和音乐教育家。

李隆基作为优秀的音乐家，被后人誉为我国音乐、戏剧之祖。他曾于707年以临淄王别驾潞州，推动了上党地区音乐文化的发展。李隆基在潞州时，常去道观听法曲，而法曲正是他后来教授梨园弟子的主体音乐，该地区的音乐也对唐王的音乐创作产生过重要影响。

潞州城大北街还修建有唐王庙，庙内设有梨园会馆，常以民间音乐为香火助兴，以敬唐王。之后，每年农历四月十五，要为唐玄宗唱戏3天。此时的上党地区民间音乐艺术同盛唐的政治、经济、文化一样，进入了高度繁荣时期。

北宋时期战火焚毁了盛唐遗迹

李隆基执政前期，唐朝政治清明，社会稳定，经济繁荣。在军事上，他加强对地方政权的控制，在全国设并州、潞州、荆州、益州、扬州5座都督府。

潞安府衙门廊

都督府的最高长官为长史，由皇帝选派，唐玄宗从中央选派太常卿崔日知任潞州长史。潞州是李隆基的发迹之地，他在位期间曾3次到达潞州，对待这个有恩于他的地方，是格外关照。

723年，唐玄宗以皇帝的身份首次来到潞州，陪同他的官员有张嘉贞、张说、张九龄和苗晋卿等。农历正月初九，皇帝的銮驾正式进入潞州城，此行之前，人们已将旧日的官邸改称

■ 吴道子（约680-759年），又名道玄，是我国唐代第一大画家，被后世尊称为"画圣"，被民间画工尊为祖师。善于画佛道、神鬼、人物、山水、鸟兽、草木、楼阁等，尤精于佛道、人物，长于壁画创作。他的绘画具有独特风格，是我国山水画的祖师。

为"飞龙宫"，以供其居住。

唐玄宗高兴极了，当即令随行御厨大摆酒席以"宴父老"，还召集故交新朋以及当年的左邻右舍一同宴饮。

酒过三巡，菜过五味，李隆基因兴致所至，当即写下怀念家乡的诗句，充分表达了衣锦还乡的喜悦心情，也表达了他对未来事业的展望。

724年，唐明皇李隆基东游泰山，在归途中，他特意绕道潞州，察看民情，体恤百姓疾苦，恩赐父老乡亲，以此来表达他对潞州的深情厚谊。

唐代大画家吴道子、韦无忝和陈闳三人共同绘制了《金桥图》，就是以此内容为蓝本的。

陈闳主要负责画唐玄宗李隆基的真容以及所乘照夜白马，韦无忝主要画狗马、骡驴和牛羊等动物之类，而桥梁、山水、车舆、人物、草树、雁鸟、器仗和帷幕等主题部分则由吴道子主画。《金桥图》绘成后，堪称"三绝"。

732年，唐明皇李隆基再次到潞州，他对老人普遍"赐粟帛"，免除潞州3年租税，让已征募和即将开拔的士兵回归故里，另从别处征集，以此显示帝王

銮驾 又名銮舆，是指皇帝的车马。后来随着时间的推移而不断发展和变化。到最后，古代帝王出巡时的整个仪仗队伍都被叫作銮驾。

韦无忝 长安人，玄宗时官侍郎左武术大将军。他画走兽、鹰鹘十分精妙。长安城内的寺观中有他许多手迹，为当时画走兽的画家们同声称赞。他虽以画走兽著名，但也工人物画，是盛唐时期少有的善画走兽的画家。

节度使 我国古代的官职名。在唐初沿北周及隋朝旧制，在重要地区做总管统兵，后改称都督。至宋代时，而成为一种荣誉性的虚衔，授予皇族、后宫妃嫔的亲属、少数民族首领和文武大臣等。

的权力和他对潞州的恩惠。

唐玄宗在晚年时候，利令智昏，他去世之后，唐朝的辉煌也走向了穷途末路，在潞安府衙修建的德风亭和飞龙宫之类的豪华建筑也都毁于五代十国的战火中了。

德风亭第一次重修是在1098年的宋徽宗赵佶还在做端王的时候。当时任潞州节度使的赵佶，后来成为皇帝，他还以书画艺术尤其是瘦金体书法而名闻天下。只可惜，赵佶没有学到"德风"的真谛，以致他在政治上只留下了昏君的恶名。

自古以来，上党便是兵家必争之地。北宋末年金朝名将金兀术统领50余万大兵，围攻潞州。北关镇守节度使名将陆登即令城外老百姓移进城里居住，做好迎战准备。

陆登又急忙修书告急，差人星夜前往相邻州府

■潞安府衙书房

■ 赵佶（1082-1135年），宋神宗第十一子，宋哲宗的弟弟，是宋朝第八位皇帝。赵佶先后被封为遂宁王和端王。宋哲宗于1100年正月病死时无子，只好立弟弟赵佶为帝。宋徽宗赵佶在位25年，国亡被俘受折磨而死，终年54岁，葬于永佑陵。他自创一种书法字体，被后人称为"瘦金书"。

请求支援。金兀术率领士兵们一路烧杀而来，在离潞州不远处安营扎寨，随后他们就来到城下讨战。

大金铁蹄蹂躏了潞州府衙，潞州府衙很多在宋徽宗时期才修复好的建筑又尽数焚毁。就算是没有被焚毁的建筑，也只剩下残垣断壁。战争摧毁了一切，所以到了明朝时，潞安府衙不得不进行重修。

1325年，也就是元代泰定二年，潞安府衙毁于兵火。1326年，元朝朝廷又组织重建公廨厅堂等。

阅读链接

1100年，年仅25岁的宋哲宗驾崩，没留下子嗣，朝廷只能从哲宗的兄弟中选择一位做皇帝。宋哲宗有兄弟14个，当时在世的有包括端王赵佶在内的5人。赵佶虽为哲宗兄弟，却非嫡出，按照宗法制度，他并无资格继承皇位。

当时太后看中的恰恰是赵佶，但赵佶并非太后所生，可能与赵佶在太后心目中具有良好印象有关。赵佶原来在任潞州节度使时，经常派人给太后请安，称得上是又聪明又孝顺，因此太后偏爱他。赵佶就这样被太后和众大臣推上了皇帝宝座，成为了宋徽宗。

明太祖朱元璋重修潞安府衙

1370年，明太祖朱元璋下令重新修建潞安府衙，此时重新修建的潞安府衙已经跟唐朝时期的潞安府衙有了明显的不同。

潞安府衙的建筑布局，既承袭了前代衙署的特色，同时又受到了明朝宫殿建筑布局和民居建筑规则制约的影响。上党门最盛时期亭、堂、楼、宫总计共有280余间，组群结合，高低错落，规模宏阔，是一处不可多得的明清衙署的建筑群。

府衙大门面宽三间，进深四椽，占地面积约110平方米，悬山顶建筑。明间辟门，两次间青砖砌筑扇面墙照壁，饰以砖雕多种。屋顶灰脊灰兽，筒板灰

■ 朱元璋（1328～1398年），字国瑞，今安徽省凤阳人。原名朱重八，后取名兴宗。25岁时参与反抗元朝暴政。1368年，朱元璋击破各路农民起义军后，于南京称帝，国号明，年号洪武，建立了全国统一的封建政权。

■ 潞安府衙内的慈禧雕塑

瓦装修，看起来庄重典雅。

上党门上挂着的一个牌匾，上面竖着写着繁体的"上党门"3个大字。

1398年，朱元璋下令修建潞安府衙的钟楼。府衙大门的西东两侧为钟鼓楼，为上下两层楼阁式建筑，单檐歇山顶，周匝围廊。

钟楼位于府衙大门的上党门西侧，用青砖砌筑基座，正方形，边长19米。北墙东北角是宽有1米多、高两米的券洞门，门额上面匾书写有"司钟"，意为晨钟。

进门为一台阶通道上基座平台。钟楼二层，砖木结构，进深和面宽约为3开间。楼顶四角悬挂铜风铃，有风吹过，叮当作响，引人遐思。

钟楼屋顶覆以灰瓦，屋脊中央置1米多高的琉璃

悬山顶 即悬山式屋顶，是两坡出水的五脊二坡式，一般由一条正脊和4条垂脊构成，但也有无正脊的卷棚悬山式，悬山顶有利于防雨，是我国一般建筑中最常见的形式。悬山的特点是屋檐悬伸在山墙以外，又称为"挑山"或"出山"。

潞安府衙内的大钟

兽，楼内置木梯。

钟楼内曾挂着一口硕大的铁钟，钟口直径2米多，高3米多，重达万余千克，用直径0.4米的木柱悬挂，其形古朴，钟口有大耳12个，钟面由大小不等的格子和文字组成，记载着这座铁钟的厚度、重量、铸造时间以及捐款人名单。

当钟撞击时，钟声洪亮悠扬，可传到几十千米外；近处者反而不能立刻听到声音，数分钟后，雄厚的回音才会从四方滚滚而来。

每到天旱或天降冰雹时，附近的百姓就争先上楼撞钟，祈祷苍天保佑，据说随着"嗡嗡"的钟声冰雹就会变弱，由弱变无，所以当地人称此钟为"神钟"。

1471年，明宪宗朱见深下令修建鼓楼。鼓楼位于大门东侧，基座长22米，宽17米，长方形。北墙西北角也有一个门洞，与钟楼门洞相同，门额上匾书"司暮"，意为暮鼓。鼓楼层次、结构、形态、建筑材料与钟楼相同。

上党门与钟鼓楼的距离不相等，钟楼距大门比鼓楼与大门远出10多米，看上去很不平衡，这是为什么呢?

民间相传，上党门与钟鼓楼二楼的距离是相等的，两座门楼各卧一个巨大石龟，日夜守候，忠实地履行着自己的职责，保持着上党门的平衡。

上党门东侧约100米处的莲花池，是一个花园，池底有个大泉眼，有只金蛤蟆负责守卫着，使每日流出的水刚好满到池沿儿而不溢出。

来了个外地盗宝人，听说此事，心想，要能得到这只金蛤蟆就发大财了。于是，他悄悄潜入池底，想偷走蛤蟆。

谁料想事情怎么会那么邪门儿，那只金蛤蟆就好像脚下生了根一样，趴在泉底的青石上，怎么也弄不下来。

盗宝人气急败坏，拿起携带的大锤，猛然一砸，金蛤蟆被砸碎了，泉内突然冒出水桶般粗的水柱，水很快漫过池沿儿，盗宝人只在水中打了个旋儿，就被无情的泉水吞没了。

可是泉水还在不断地喷涌，水流滔滔，很快就蔓延到了全城，泉水依旧还在不停地上涨，眼看就要淹

■ 潞安府衙贡庙

■ 如今残破的潞安府衙

到衙门大门了。

在这危急时刻，大门东侧鼓楼下的石龟突然活动起来，它为了拯救潞州城的百姓，毅然爬下台阶，来到了莲花池，纵身跳入池中，沉到池底，用身体堵住泉眼，喷涌如柱的泉水变成涓涓细流，大水慢慢退了下来。

可是，东边鼓楼连同门厅让石龟拉出去10多米，钟鼓二楼因此不再对称，就变成后来的这个样子。

潞安府衙门口有一通巨碑。这通石碑就是《新开潞安府治记》，它是青石质地，1534年立于上党门东侧，碑高2.5米，宽1米，碑文共626个字，用工整端庄的楷书刻成。碑下有龟趺座。

《新开潞安府治记》碑与陈卿青羊山起义、明代升潞州为潞安府有密切的关系。

龟趺座 就是赑屃底座。它是龙之九子之一，又名霸下。好负重，长年累月地驮载着石碑。人们在庙院祠堂里，处处可以见到这位任劳任怨的大力士。因为赑屃看起来像龟，所以人们又叫它为龟趺座。

1523年，潞城县小吏陈卿亡命家乡的青羊山中，凭借崇山密林，聚众造反。5年后，这支农民起义军人数已发展壮大，数量超过5万人，并连陷辽、沁两州，而且声威之大使河南彰德、怀庆、卫辉，晋豫之地为之震惊。

官军连年安抚、剿捕均遭败绩，为此付出了惨重代价。直至1528年，明王朝下了最大决心，组织10万兵力剿灭了青羊山叛乱。

痛定思痛，明统治者开始反省自身治理上的失误，并对"天下之脊"的潞安开始重视起来，进而又采取了一系列亡羊补牢的措施。

第一，划出青羊山区及周边地区赐名设置平顺县，取"剿平逆贼，地方顺服"之意，以改变这一带

石碑 把功绩勒于石土，以传后世的一种石刻。一般以文字为其主要部分，上有螭首，下有龟趺。大约在周代，碑便在宫廷和宗庙中出现，但此时的碑与后来的碑功能不同。此时宫廷中的碑是用来根据它在阳光下投下的影子位置变化推算时间的；宗庙中的碑则是作为拴系祭祀用的牲畜的石柱子。

■ 潞安府古建筑

深山老林"三不管"的局面。

第二，升潞州为府的建置，加强对地险民悍的太行山区的管理力度，嘉靖帝赐府名为"潞安府"，就是保持潞州安定的意思。

第三，恢复隋唐宋元时期"州县相维"的区划格局，在潞安府边上设县，让府县同城而治，嘉靖帝赐县名为"长治县"，以祈望这里长治久安，"长治"之名至此始。

一场轰轰烈烈的农民起义，最终换来的是一个府、两个县的设置。这在历史的行政区划过程中也是极其少有的事情。

在历史的演进过程中，这座古衙的存在，对古城长治乃至晋东南、山西省的历史、建筑等文化内涵，有着重要的补充作用，拥有珍贵的历史价值和社会价值。

雄伟的府衙

阅读链接

据说，大清道光年间，叶赫那拉氏慈禧太后的父亲惠征，曾在这里任潞安知府。

长治一带百姓一直都相传，慈禧是长治县人，1835年农历十一月廿九生于长治县西坡村王姓汉族农民家中，从小被卖给本县上秦村宋家，十一二岁上又因家贫卖至潞安府中当了丫环，被知府收为义女。

由于她天资聪明，知府请先生在西花厅书院教她读经认字，潞安府衙二堂后院还存有少女时期的慈禧读书的书房。

因慈禧貌美，知府为讨好皇上，将其送入宫中，生下载淳，被晋封为贵妃，后来垂帘听政，称"西太后"。

淮安府衙

淮安府衙的大堂面积和规模为江苏之最。淮安府城有着2200多年的建城史。明清的淮安府城，为漕运咽喉要道，商业发展曾经十分兴盛。

淮安府衙就设置在府城中部偏北地区，总督漕运部院设在全城的中部，府学试院、督学部院和山阳县署则设在中部偏南地区，漕运刑部大堂设在城西南隅。

这里是我国历代军事重地、有"铁打的淮城"之美誉，曾与扬州、苏州、杭州并称为"运河沿线上的四大都市"。

淮安府是明清两代的行政建制

    淮安府是明、清两代的一个行政建制。淮安曾长期是郡、州、路、府的治所，其中元代的淮安府管辖范围最大，后期管辖海宁州、泗州、安东州和山阳等12县。面积3.5万平方千米。

淮安府衙内的牛皮鼓

■ 淮安府衙木门

在明、清两个朝代，淮安府都是江苏辖地面积最大的府。其从建立之初就充满了离奇色彩。

明朝开国以后，便在苏北设立淮安府，治山阳县。1368年，首任知府范中以淮安路屯田打捕总管府为府衙，加以修葺后就在里面办公。

可是事情的发展往往不顺从主人公的心意。范知府刚上任的太师椅还没坐热，就"半路杀出个程咬金"，把他扫地出门。

原来，就在范中就任淮安知府的同一年，朱元璋在淮安设卫，也就是管辖淮安、大河、邳州、宽河4个地方。后来邳州卫和宽河卫迁别处，不巧的是淮安卫指挥使也看中了总管府这块宝地。

淮安卫指挥使名叫华云龙，因功勋卓越被封为淮

华云龙（1332~1374年），明朝开国大将。元末聚众起兵，后率众归附朱元璋。官至都督同知兼燕王左相，封淮安侯。他死后，朱元璋让其子华中接替其侯爵位。

雄伟的府衙

安侯，归中央的五军都督府分别管辖，权势极重。他根本就没把范知府看在眼里，冲上门来，就让范知府搬家滚蛋。

因为华云龙对风水还比较有研究，他看中这里，是因为所谓的淮安府衙雄踞一城之中，有类皇城大内格局，是上好的风水宝地！

范知府到底还是一介文弱书生，怎么也比不过行伍出身、为明朝江山立下汗马功劳的华云龙。范知府在任3年，一直也没一个好的办公之处，经常搬家。

1370年，新任淮安知府姚斌上任，他也不敢得罪这位脾气不好的侯爷，为选一办公场所，他不得不在城里四处寻找，结果选中了上坂街北边的五通庙和元沂郊万户府，便加以改造，作为淮安府的新府衙。建

■ 淮安府衙古铜钟

府过程几经周折，淮安府总算建成了。

在淮安府衙曾经发生过一件千古冤案，这件冤案的影响极其深远。冤案的主人公就是窦娥。元代戏剧家关汉卿曾经把这一千古奇冤写成一部戏剧《窦娥冤》。实际上，这一奇冤是确有其事的。窦娥原型人物朱小兰，婆婆原型是她的姑母，张驴儿原型是姑母邻居李驴儿。那位有名的赃官原型是知府忽辛，其父是元世祖的宠臣中书阿合马。

明万历年间的淮安知府陈文烛，是一个饱学儒生，他与淮安人——《西游记》的作者吴承恩是文友，二人经常一起吟诗作词，挥墨弄文。

吴承恩 （1501－1582年），字汝忠，号射阳山人。淮安府山阳县人。我国明代杰出的小说家，是四大名著之一《西游记》的作者。《西游记》的出现，开辟了神魔长篇章回小说的新门类，书中将善意的嘲笑、辛辣的讽刺同严肃的批判巧妙地结合，这一特点直接影响着讽刺小说的发展。

阅读链接

关汉卿是我国元代伟大的戏剧家，他的一部《窦娥冤》名垂千古。《窦娥冤》全称《感天动地窦娥冤》，悲剧剧情取材自"东海孝妇"的民间故事。

《窦娥冤》是我国十大悲剧之一的传统剧目，是一出具有较高文化价值、广泛群众基础的戏剧。剧中讲的是，淮安女子窦娥无罪有冤、被判死刑的故事。

窦娥一死，六月骄阳天，竟然落下鹅毛大雪。三天后，窦娥的父亲——八府巡按窦天章，赶来山阳县，窦娥却已冤死于刀下。八府巡按悲痛万分，赶紧差人严查窦娥一案。经调查研究，取得证供，终于将羊肚汤一案审理清楚，窦娥冤案才得以昭雪。

历经重修府衙焕然一新

淮安府衙与其南面的总督漕运公署、镇淮楼、山阳县衙首尾相连，雄踞古城中轴线，总长度1000米左右。府衙规模宏大，占地近2万平方米。衙内共有房屋50余幢，600余间，分为东、中、西三路。

淮安府衙的大门面南临街，穿过了大门是仪门，仪

■ 黄庭坚（1045～1105年），北宋诗人、大书法家。字鲁直，号山谷道人，又号涪翁。洪州分宁人。1067年中进士，以校书郎为《神宗实录》检讨官，迁著作佐郎。后以修实录不实，遭到贬谪。黄庭坚为苏门四学士之一。

门在古代称为桓门，汉代府县治所两旁各筑一桓，而后二桓之间加木为门，即桓门。宋代的时候避讳皇帝名讳，改为仪门，即礼仪之门。

一般府一级衙门，都是正四品官衙，淮安府管辖区域大，而且位置重要，朝廷授予三品，但也不是历任知府都是三品。

穿过仪门，经过由黄庭坚所书的"尔俸尔禄，民膏民脂。下民易压，上天难欺"御制戒石铭，淮安府正堂门前立着一副长联：

■ 淮安府衙内的石狮子

黜陟幽明，承宣庶绩，念念存戴高履厚；
权衡淮海，镇守名邦，时时思利国泽民。

告诫为官者必须时刻不要忘记上对朝廷负责，下为百姓办事。

门前有23米长的照壁。照壁是我国经典建筑形式四合院必有的一种处理手段。

大门上有金字牌匾，上面写着"淮安府署"4个大字，看起来威严神圣。大门两侧屹立两只神态威严的石狮子。府衙门口有3级台阶。石狮子身后是两排木质栅栏，呈棕褐色，百姓观看不能过界。

大堂是知府处理公务的地方，东西7间26米，南北宽5间，深长18米，脊高10米，高大雄伟，气势恢

牌匾 我国独有的一种商业语言、文化符号。是融汉语言、汉字书法集我国传统建筑、雕刻于一体，集思想性、艺术性于一身的综合艺术作品。牌匾不仅是指示标志，而且是文化的标志，甚至是文化身份的标志。它广泛应用于宫殿、牌坊、寺庙、商号、民宅等建筑的显赫位置，向人们传达皇权、文化、人物、信仰、商业等信息。

祭祀 华夏礼典的一部分，更是儒教礼仪中最重要的部分，礼有五经，莫重于祭。是按着一定的仪式，向神灵致敬和献礼，以恭敬的动作膜拜他，请他帮助人们达成靠人力难以实现的愿望。祭祀有严格的等级界限。天神地祇只能由天子祭祀。诸侯大夫可以祭祀山川。士庶人则只能祭祀自己的祖先和灶神。

宏。堂前大院，东西为六科办公用房：东为吏科、礼科、户科，西为兵科、刑科、工科。

吏科主要负责考察全府官员升迁、降职，调查登记在籍进士、举人、贡生等有功名人士，为朝廷网罗人才。

户科主要负责全府人口、土地、赋税、赈灾等工作。这是最富有的部门，门前的楹联是"赋税须知四民隐，度支应悉八方情"，意思是请户科的官员在征收赋税时，要体恤百姓的艰辛，在统计和支调财赋的时候，要充分调查了解各地方的实际情况。

礼科主要是协助知府管理训导儒学，组织庆典、祭祀活动，组织童生考试，发放试卷，监考等工作。礼科有一面《论语》墙。这里还有一张孔子像，是晋代画家吴道子所画的孔子像的拓本，祭孔是每年的祭祀活动之一，主要由礼科组织实施。

兵科主要负责士兵招募训练，组织考试，兵员的输送，马匹盔甲的选购，以及城防等事务。

我国自唐朝以后，在通过科举选拔文官的同时，也通过考试选拔军事人才。兵科这里保留的是招考武举人的3件兵器，主要是考查考生的臂力。

第一件兵器是一张硬弓，

■ 淮安府衙铜刀

弓分12力、10力、8力类型。还有一种等外的超过12力的弓叫"出号弓"，应试的人对于不同的弓号可自行选择，限拉3次，每次以拉满弓为准。

■ 淮安府衙内匾额

第二件兵器是一柄大刀，刀分为3种，试刀者要左右舞刀过顶，前后胸舞花，刀号自选，一次完成为准。

第三件叫作"石质子"，参加考试的人的石号也是自选，但要求将石质提至胸腹之间，再借助腹部力量将石质的底部左右翻露一次，称为"献印"，一次完成为合格。

考试时，凡应试者弓、刀、石必须有两项为头号和二号的成绩，三号的成绩只过两项视为不合格，即取消第三场的考试资格。

兵科里有一张古代的阵法图，古时用兵，讲究排兵布阵，如三国时诸葛亮摆过八卦阵，还有明清小说中有一字长蛇阵等阵图。

八卦阵 战国时大军事家孙膑创造的，据说是受了《易经》八卦图的启发，所以称之八卦阵。具体阵势是大将居中，四面各布一队正兵，正兵之间再派出四队机动作战的奇兵，构成八阵。八阵散布成八，复而为一，分合变化，又可组成六十四阵。

九章律 也称《汉律九章》。汉高祖统一全国后颁行的法典。相国萧何依照秦法，适应新形势，制定盗律、贼律、囚律、捕律、杂律、具律、户律、兴律、厩律九篇。

这里还存有清朝一品至九品武官的官服。与文官的九品官不同的是，武官服装的图案都是兽类：一品为麒麟，二品为狮，三品为豹，四品为虎，五品为熊，六品为彪，七品、八品为犀牛，九品为海马。因为明清时官服都绣有禽兽的图案，所以，老百姓对恶吏叫"衣冠禽兽"。

刑科主要负责全府刑狱、诉讼类事务。刑科门前的楹联是"量刑无枉皇恩显，执法秉公天宪彰"。意思是刑科办理案件和量刑一定要秉公执法，公平正义，不要辜负皇上和苍天的厚爱与信任。

这里有封建社会官府使用的部分刑具，有三人枷、行走枷、钉板、木驴、夹棍、镣铐等。还有一种刑具叫"立笼"，将犯人立着装在笼子里，使其动弹不得。还能在这个地方看到死囚犯人的标子。

古代的刑法各个朝代不尽相同，上古为"五刑"，秦代最为残酷，汉代稍宽，主要按照萧何制定的《九章律》，唐朝有宰相房玄龄制定的《制唐律》。

工科主要负责主管工程营造，

■ 房玄龄（579~648年），唐朝初年著名良相、杰出谋臣，大唐"贞观之治"的主要推手之一。他是一位出身"书香世家"的纯正儒生，跟随秦王李世明10年艰辛征战；终生"效父清白"的饱学之士，辅佐太宗10年稳任首宰。房玄龄智能高超、功勋卓越、地位显赫。

如修筑官署、城防、庵、庙、堂，包括兴修水利、道路、桥梁。

门前有一副对联"兴工为国珍财货；举役有心泽子民"。意思是说工科在建设各项工程的时候，要珍惜国家的财力，要心系百姓，惠泽后人。

工科里还有一幅《治淮图》，清朝治整淮河工程也算浩大，但成效不显，这里展示的仅是清代治理淮河的一个局部画面。

这里还有古代用来防洪堵漏的工具，名字叫"卷埽扎子"。还有当时河工用来夯实河堤的夯，一般是8个人，一边唱着河工号子，一边一齐用力夯土。

大堂里面摆放着一张府衙老爷办公用的桌椅，知府升堂审案，是封建社会权威的象征，以致延续至今仍有主席台的习俗。

府衙老爷的桌子上，放置了文房四宝、火签筒、

惊堂木 一块长方形的硬木，有角有棱，使用者用中间的手指夹住，轻轻举起，然后在空中稍停，再急落直下。惊堂木也是古时县官所用，举起拍于桌上，起到震慑犯人的作用，有时也用来发泄，让堂下人等安静下来。

月台 在古代建筑中，正房和正殿突出连着前阶的平台叫月台，是建筑物的基础，也是一个重要组成部分。由于平台宽敞而通透，一般前无遮拦，所以是看月亮的好地方，也就成了赏月之台。

堂鼓 又叫作同鼓、战鼓，清朝则叫它杖鼓。鼓框是木头做的，两面蒙上皮革。堂鼓一般有三种规格，鼓面直径分别为22厘米、25厘米、32厘米，鼓高都是33厘米。大堂将鼓放在木架上，用木头做的双槌敲击。

嘉量 我国古代的标准量具，全套量器从大到小依次为：斛，斗，升，合，龠。汉代王莽改制，器上部为斛，下部为斗，左耳为升，右耳为合，龠。含有统一度量衡的意义，象征着国家统一和强盛。

惊堂木，旁置官印盒，官印还用黄绸包裹着。桌椅背后是一块屏风，这叫海水朝日图，喻指"指日高升"。

屏风东面的匾额为"勉力为之"，为知府自勉的警句，意思是干工作一定要勤勉认真。

西面是"国脉要冲"，说明淮安府当时特殊的地理位置。在办公桌的上方悬挂着一块牌匾，既不是"正大光明"，也不是"明镜高悬"，而是"复见青天"4个大字。

正堂内有两副楹联，写的是："吃百姓之饭，穿百姓之衣，莫道百姓可欺，自己也是百姓；得一官不荣，失一官不辱，莫说一官无用，地方全靠一官。"

另一副写道："到盛怒时，稍缓须臾，心气和平，省却无穷苦恼；处极难事，静思原委，等精神注，自然有个权衡。"

第一副对联阐述了官和民的辩证关系，揭示了为官者要换位思考，才能勤勉工作，造福一方；第二副对联要求知府言行须"三思而后行"。

府衙正厅两侧放置一些衙门专用的"回避""肃静"之类的执事牌；两侧为两组刑具，一般是衙役使用的，都是竹子做的，前面叫跪石，东面是原告，西面是被告。

大堂的西面墙上有"礼、孝、廉"3个大字，东侧墙上有"忠、义、信"3个大字，与西墙上的礼、义、廉相对称，都是起到教化百姓的作用。

大堂上必不可少的还有两面鼓：一面叫作"堂

鼓"。一般知府升堂时都要击鼓，通常叫击鼓升堂，只能敲3下，叫上奉王命；退堂时也要击鼓，但要敲4下，叫谢主隆恩。还有一面叫作"鸣冤锣"，是供喊冤告状之人击打的，但一般在公堂上是不能随便敲击的。

大堂屏风后面的墙上有3个大字，是"清、慎、勤"，这是出自晋代枭雄司马昭之口，叫"为官长者，当清，当慎，当勤，修此三者，何患不治乎"。就是说，要当名好官必须廉洁、谨慎、勤勉，如果做到这3条，就能治理好一个地方。

府衙的官道两侧有8只石宫灯，寓"正大光明"之意。月台上左侧有一日晷，作为气象工具。古代没有时钟，以日影计算时刻。右边有个物件叫嘉量。

衙门两侧有牌楼，样子也极为壮观。西牌楼在府市口，东牌楼在报恩寺前，各4柱，金丝楠木制成。石础直径可达2米，柱高6米以上，直冲云端。

东牌楼上写"长淮重镇"，西牌楼上写"表海名邦"。毁于清末。整个建筑分中、东、西三路，中路为正房，除大门、二门外，有大堂、二堂两进。

从大堂往后面走，就是二堂。二

■ 司马昭（211~265年），字子上，是司马懿与张春华的次子，西晋开国皇帝司马炎的父亲，曹魏后期的政治家和军事家。司马昭继其父兄的事业，消灭蜀汉，基本上取代曹魏。其子司马炎称帝后，追尊其为晋文帝。

日晷 本义是指太阳的影子。后指我国古代利用日影测得时刻的一种计时仪器，又称"日规"。其原理就是利用太阳的投影方向来测定并划分时刻，通常由晷针和晷面组成。利用日晷计时的方法是人类在天文计时领域的重大发明，这项发明被人类沿用达几千年之久。

■ 淮安府衙内古柳

堂上边有一块匾额，上书"筹边堂"。筹边堂最早建于宋代。南宋时期，淮安地处宋金两军的边境，当时的地方官员经常来筹边堂商讨筹划边境的防务，所以叫"筹边堂"。

大门之前还有楹联写道："看阶前草绿苔青无非生意；听墙外鸦啼雀噪恐有冤情。"意思是告诫官员，不要被表面的繁华景象所迷惑，要体恤民情，关注民意。

屏门的西侧是一对门神，两位都是唐初的大将，一个叫秦琼，一个叫尉迟恭。屏门上方挂着一副"省刑爱民"匾额，这是知府自警的警句。

二堂正面屏风，上面雕刻的是清代康熙皇帝的《圣谕十六条》，内容涵盖了道德规范的方方面面，这是清代统治者教化民众的一种手段，也揭示了中华传统文化的主要含义。

屏风上方有一匾额，上书"忠爱"两个大字。这是康熙皇帝的亲笔。二堂两边的楹联"吏不畏我严而畏我廉；民不服我能而服我公。"

二堂内暖阁的陈设基本与大堂相近，但二堂里设有东厢房和西厢房。东厢房，是知府办公期间休息的地方，也是与师爷、幕僚商议公事的场所。这里还设有一张罗汉床，主要

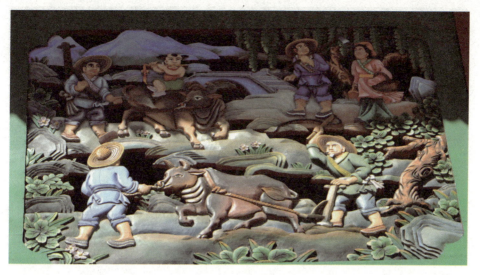

备知府办公休息之用。

东厢房是知府的亲戚以及长随聚会落脚的地方。这里也有一副楹联："远富近贫以礼相见天下少；疏亲慢友因财而散世间多。"这副楹联也说出了知府与亲友们的关系，是封建社会世态炎凉、寡情薄义的写照。

西厢房，抱柱上也有副楹联：上联是"四口同圖内口皆归外口管"，"圖"这个字即"图"，内里有3个小口，外面是一个大口；下联是"五人共傘小人全仗大人遮"，"傘"这个字即"伞"，上面一个人，里面有4个小人，意思是说，师爷本领再大，但要归地方官管辖，为地方官服务，得地方官的庇护。

再往内为官宅之门，入门为上房，为知府等人住宅。上房后有楼，也叫镇淮楼。大堂北为二堂，两堂之间有一座三槐台，建自明朝嘉靖年间，用以镇压淮河水患。

据相关文献记载，该台前后各有两根铜柱，后柱间还有一铁釜。柱高3米多，周长1米多。

罗汉床 由汉代的榻演变而来。是一种床铺为独板，左右、后面装有围栏，但不带床架的榻。这种床可以分为五围屏带踏板罗汉床和三围屏罗汉床。到了中期，前踏板消失，三弯腿一改其臃肿之态；发展到晚期，罗汉床改为三屏，床面的三边设有矮围子，显得异常庄重和讲究。

雄伟的府衙

■ 淮安府衙建筑纹饰

佛龛 供奉佛像、神位等的小阁子，一般为木制。"龛"原指掘凿岩崖为空，以安置佛像之所。现今各大佛教遗迹中，如印度的阿旃塔、爱罗拉，我国云冈、龙门等石窟，四壁皆凿众佛菩萨之龛室。后世转为以石或木，做成橱子形，并设门扉，供奉佛像，称为佛龛；此外，也有奉置开山祖师像。

柱上均有铭文，镌刻着一些吉利话——

前东柱上镌刻的是：神柱既立，妖魑遁藏。六龙骧首，以迎太阳。日鉴在兹，赫然灵光。驾彼鲸波，桂景扶桑。

前西柱上镌刻的是：阴阳之灵，金精之英。立于西点，自天保定。与淮俱安，为淮作镇。神明卫之，上帝有命。

后东柱上镌刻的是：肃将明威，建兹严城。爰立标准，以树风声。狂涛既息，东海永清。百灵来朝，视兹国桢。

后西柱上镌刻的是：桓桓铜柱，植于金城。为南山之寿，不骞不崩。万世永赖，地平天成。皇胆嘉庚申秋八月。

三堂为上房官宅，正面为知府及夫人居住的上房；上房的上面有一块匾，匾上有"清德堂"3个大字。再看抱柱上这副楹联："宽一分则民多受一分赐；取一分则官不值一文钱。"

意思是告诫官员对百姓能宽待则宽待，大度宽容，就能得到百姓的爱戴和好评，对自己要求不能收贿，收一点儿钱就表示自己的人品连一文钱都不值了。

客厅是知府接待重要贵宾以及与亲朋好友谈话聊天的地方。房梁上面有一个近似佛龛的装置，江浙一带的大户人家一般都会在堂屋里设立木龛，里面供奉着列祖列宗的牌位，而这个龛里供奉的是一尊"守印大仙"。

东厢房是知府的书房，书房上有"集雅斋"的匾额，这里是知府读书、写字、绘画的地方，也是与文人墨客谈诗论道的场所。

东厢房里还有一张罗汉床，是知府用来读书小憩或与友人对弈下棋的地方。

罗汉床边上是一个围屏，主要用来挡风，防止墨汁吹干；暖砚，这是防止冬天时墨汁结冰；西厢房，这是知府与夫人的卧室，上面有"打盹轩"3个字，顾名思义，这是老爷和夫人休息的地方。

诰命夫人 诰书是皇帝封赠官员的专用文书。所谓"诰"就是以上告下的意思。古代以大义谕众叫诰。明清时期形成了非常完备的诰封制度，一品至五品官员授以诰命，六品至九品授以敕命，夫人从夫品级，故世有"诰命夫人"之说。

035

江苏首衙

淮安府衙

■ 淮安府衙

雄伟的府衙

淮安府为正四品官，夫人都被封为诰命夫人，这是皇帝赏赐封给官员夫人的特殊荣誉。

夫人睡觉用的床叫"八步床"，这在当时是最贵重的家具之一，显示大夫人在家里的地位。床边上放着的是一张裹脚凳。

上房后面是青玉堂，青玉堂为二层楼房，是知府小妾及子女居住的场所。

在漕运总督部院的前面也有一座镇淮楼，这是宋代的建筑，实际上是当时的谯楼，淮安府衙里后院的这座楼，也叫"镇淮楼"，因为淮安又称水城，淮水经常泛滥祸及地方百姓，镇淮两字，又有祈求淮水安澜的愿望。

西路为捕厅署，也有大门、二门、大堂、二堂、上房。东路为迎宾、游览、宴会之所。首先是祭祀、招待来宾娱乐之所的古戏台、鄺侯祠；后为宝翰堂，是知府用来和来宾交流诗、书、画的专门场所。堂之西壁，嵌明摹勒的《娑罗树碑》一通。

《娑罗树碑》为唐代大书法家李邕所书。李邕少年就走红，后召为左拾遗，曾任户部员外郎、括州刺史、北海太守等职，人称"李北海"。后来他被宰相李林甫杖杀。

这通《娑罗树碑》原在淮阴县署，后来不知去向。明代隆庆间，淮安知府陈文烛从文学家吴承恩家

■ 淮安府衙内的砖炉

中得到旧拓一本，沭阳吴从道也是个淮安书法家，世居淮安城内，他认定为原刻真迹，遂摹勒上石，陈文烛为之作跋，并筑宝翰堂收藏。

再往北则是藤花厅和集贤堂，是知府宴客场所；最后是后花园。后花园曲径通幽，是知府及宾客们赏花赏月、游玩之处。

府衙内后部有一园，原名"偷乐园"。知府陈文烛《淮上诗》中有《三月三日偷乐园》，其序说道：

园在公衙后，有亭池、菜畦。修禊之辰，命儿子均圭约其师费以方饮焉。因读丽水终年公壁间碑："水亦忧，旱亦忧，太守之乐偷矣。"

天启年间，淮安知府宋祖舜认为"偷"字不雅，改为"余乐园"。

阅读链接

我国历史上最早使用惊堂木的时间，大约在春秋战国时期。各级衙门都可以在开庭时使用，一般的惊堂木上都刻有象征权威的图案。

传说，朱元璋小时候有5个要好的朋友，朱元璋与他们分手时，拿了一根扁木，锯成6截，每人一截。朱元璋说："这就作为结拜兄弟的凭证吧！"

后来，朱元璋做了明朝皇帝，而他结拜的5个兄弟，分别做了武将、知府、医生、教书先生和说书艺人。

朱元璋封官时，把6块木头都加以命名。他封自己的那块木头叫"龙胆"，将军的那块叫"虎威"，知府的那块叫"惊堂"，医生的那块叫"压方"，说书艺人的那块叫"醒木"，教书先生的那块叫"戒尺"。

于是，惊堂木就由朱元璋的诰封一直流传下来。

清代淮安出现两位著名知府

清朝在全国设府级衙门共计180多个，至清末增至210多个。

府衙与县衙的格局大致相同，但规模要比县衙大得多。府衙多位于城中心地段，包括理政用的大堂、二堂和官邸，以及僚属的住宅、监狱、仓库、土地祠等建筑。

■ 淮安府衙后堂

府衙规制，平面呈矩形，南面设门，门内分前后两部。前分三路，后到三宅，有纵横巷道，布局整齐，分工明确。

前部中路是两进主庭院，大堂、二堂及东西厢房为治事之所。左右两路各建5个院落，为府库和官吏住宅。后部三院落并列，为知府和同知、通判的住宅。

清朝的统治是依靠从中央到地方的各级官吏的维系，各种举措也是靠这种组织体系相配合才能完成的。比如学校教育，在京师设国学，各省设府、州、县学，国学即国子监，设管理监事大臣一人，祭酒两人，司业三人。

各省则设学政一人，府、州、县学分设教授、学正、教谕管理。如科举考试，有乡试、会试之分，乡试为录取举人而设，每3年1科，在省城和顺天府举行，主考官和副主考官都由朝廷特派。会试也是3年1科，在北京举行。

会试中选后称贡士，再经殿试得到进士名号。又如财政管理，中央由户部总管，下设14个清吏司分管全国各地财政。

地方各省财政主要由布政使主管，州、县则直接向农民、手工业者和其他社会阶层征收赋税。如司法审判，刑部、大理寺、都察院为中央司法审判机关。

■ 淮安府衙地牢内的石狮子

土地祠 土地，是指专门掌管一方水土的神仙。民间称其为土地爷爷。祠，是指祠堂、庙宇之类的建筑。我国古代无论帝王还是普通百姓都会供奉一些神仙，求得其庇佑。土地祠是比较常见的民间供奉土地神仙的地方。

雄伟的府衙

■ 淮安府衙建筑花纹

乾隆朝在以上三法司会审之外再发九卿会审。地方司法机关分5个审级：

第一审级为厅、州、县、长官同知、知州、知县，身兼治安与司法职责，掌管所辖境内一切刑名事务。

第二审级为府、直隶厅、直隶州，长官知府、及同知、知州，直接受理和复核所辖县的各种案件。

第三审级为道，直隶厅、直隶州、府平级，为过渡性审级单位。

第四审级是按察司，为各省刑名总汇，按察使为省政权中以司法审判为主要事务的官员。

第五审级是总督、巡抚。为地方司法审判的最高审级。

清朝的淮安知府中，有两位表现比较杰出。第一位是卫哲治，1743年任淮安知府，为人清廉，爱民如子。乾隆年间，受到台风的影响，海水倒灌，灾民四

九卿会审 明朝的九卿会审，也称圆审。凡特别重大案件，两次翻供不服，根据皇帝的诏令，可由九卿会审，即由大理寺卿、都察院左都御史、通政使以及吏、户、礼、兵、刑、工六部尚书共同审理，最后由皇帝审核批准的制度。

处奔逃。很多时候，灾民的生存都得靠自己。

很多官员在灾荒之年都会趁机捞钱，要是不趁火打劫捞一笔的，就能算上是个好官了。自己组织赈灾的可以说是极少的。

卫哲治就是这极少数人中的一员。他作为当地的父母官，当然不能眼看着灾民因冻饿而死，所以他命人造草屋数百间，动员士商捐钱物，设粥厂接待四处讨饭到此的流浪者，使这些灾民吃穿不愁，生病了还有医药救治。

他竭尽全力收养灾民4个月，让11万余人得以存活下来。第二年春，灾情好转，他便发路费，将各地灾民遣归原籍。他后来升任庐凤道台。离开淮安府时，淮安百姓跪拜相送，依依不舍。

还有一位与卫哲治齐名的淮安著名知府叫李毓昌，字荣轩，山东即墨人。1808年中了进士，江苏候补知县。同年，淮安大水灾，李毓昌受命来淮督查救灾款使用情况。

李毓昌事事亲力亲为，亲自分办4个乡的查赈事宜。他到任后，不顾车马劳顿，立刻率人赴乡间住户核查户口分发赈票。每至一村必亲临民户造册，注照老幼人数，勘验受灾程度及有无漏赈和冒领现象，其

道台 也叫道员，古代官名。主管地方的税收、财政、户籍管理等多种制度。道台没有名额限制。各省的道台数量根据需要有所不同。道台分为守道、寻道等不同职位。

041

江苏首衙

淮安府衙

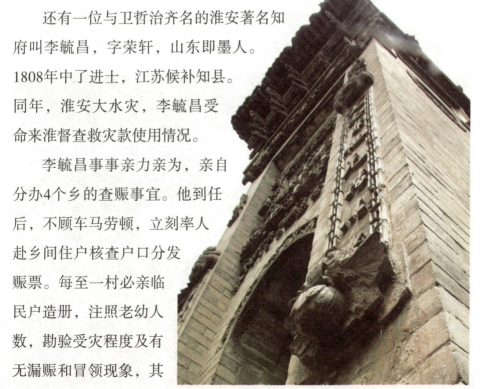

■ 淮安府衙建筑石刻

公正廉明无懈可击。

当地百姓无不称之为"李青天"，更有将其誉为"再生父母"者。

后来，他将所查出的王伸汉借放赈之机贪赃枉法、克扣赈银之事俱清册欲上禀淮安知府，眼看贪官污吏趁灾打劫的盖子将要揭开。

获悉李毓昌的动向后，山阳知县王伸汉大为震惊，急忙修书将李毓昌诓回县衙，私设酒宴殷勤相待，并软硬兼施地相劝道："你这个人啊，刚当上官，还不知道当官的道理，这里边水可深了！你还这样天天亲自跑来跑去的，自己累得够呛，看起来百姓为你叫好，可是你实际上一点儿好处都没捞到！这样做太傻了，还是慎重考虑我说的道理吧！"

李毓昌很生气地说："我怎么不知道为官之道，为官之道就得要清廉！像你们这帮人从老百姓嘴里

赈票 我国古代百姓遇到灾荒的时候，需要国家出钱出粮进行救助，救助过程中需要统计被救人数，发放一种票据凭证，以此来领用赈灾物品。这种票据凭证就被称为赈票。

■ 淮安府衙内的石磨

抢食，克扣百姓的救命钱中饱私囊，我是干不出来这遭天谴的事的，你们好自为之，我一定会秉公处理，上报朝廷的！"

说罢李毓昌便仰面长叹拂袖而去。王伸汉见此情景也害怕了，看来说是说不通了，只有你死我活地解决了。

于是王伸汉便设毒计买通李毓昌的3个仆人，将投了毒的茶水给李毓昌喝，致李毓昌腹痛吐血，又用丝带将其勒死，随后伪造自缢身亡现场。王伸汉与淮安知府密谋定案，使李毓昌受屈死蒙深冤。

1809年春，李毓昌妻子在丈夫遗物中发现血衣和写有"山阳冒赈，以利啖毓昌，毓昌不敢受，恐上负天子"的禀帖残稿，顿时对丈夫之死生疑心。

后来，经过开棺验尸，得知李毓昌生前中毒，并非自缢而死。李毓昌叔父李泰清便赴京城向都察院告状，嘉庆皇帝对当时的贪官横行极为恼火。

借此机会，皇帝下令严查此案。李毓昌之死的案情很快大白于天下，嘉庆皇帝亲自批示，于1809年夏，将谋害李毓昌的贪官、刁吏、恶仆处死，革职流放了两江总督铁保、江苏巡抚汪日章，还惩处了其他涉案的官吏和9名大员。李毓昌冤案终于得以昭雪。

后经礼部官员议奏，嘉庆皇帝追封了李毓昌知府

■ 嘉庆皇帝（1760~1820年），名颙琰，清高宗弘历第十五子。1789年，他被封为嘉亲王，1796年登基，改元为嘉庆，他在位25年，终年61岁。庙号仁宗。在位期间，他惩治贪官和珅，肃清了吏治。他在位期间是世界工业革命兴起的时期，也是清朝由盛转衰的时期。

淮安府衙内庭院

的官职，还对其妻儿给予奖赏。

嘉庆皇帝捐资银1000余两，令地方官员于李毓昌墓前修御制悯忠诗碑楼以褒节。嘉庆皇帝亲作《悯忠诗》表达对李毓昌清正廉明人格的高度赞扬，刻石立于李毓昌墓前。

阅读链接

李毓昌自杀一案中，有很多疑点。当时负责调查的官员曾经向皇帝汇报过。李毓昌是当年的新科进士，刚受到皇帝的亲自接见，正处在意气风发的官场上升期，干吗想不开自杀呀？

再者，李毓昌到江苏之际，适逢黄淮水灾，江苏北部的淮安一带被水淹没，灾情严重，朝廷发下几十万两银子的赈灾款。为了保证赈灾款的正常发放，两江总督铁保选派了一个11人的督查组赶赴灾区，李毓昌是督查组成员之一，他正被江苏总督重用，恰是一展抱负之时，也没有理由自杀。

因此，李毓昌的家人也对其死因感到疑惑。尤其是死者的妻子发现丈夫的尸体有异常之处。再加上她发现丈夫遗留的字条有特别含义，才决定为丈夫讨回公道，使丈夫沉冤昭雪。

平遥县衙

平遥县衙坐落于山西省平遥古城中心，始建于北魏。

平遥县衙作为我国现有保存完整的四大古衙之一，也是全国现存规模最大的县衙。整座衙署坐北朝南，呈轴对称布局，南北轴线长200多米，东西宽100多米，占地2.6万多平方米。

整个建筑群主从有序，错落有致，结构合理，是一个有机的整体，无论建筑布局，还是职能设置，都堪称是皇宫的缩影。

明清时期县衙格局基本定型

　　平遥古城是我国保存最为完整的一座古代县城，是一座距今有2700多年历史的古城，也是我国汉民族城市在明清时期的杰出范例。

　　自从平遥成为县治以后，平遥就有了它的政权机构县衙署了。早期的平遥县衙旧址都被历史的尘埃湮没了，已无处觅踪。现存于县城

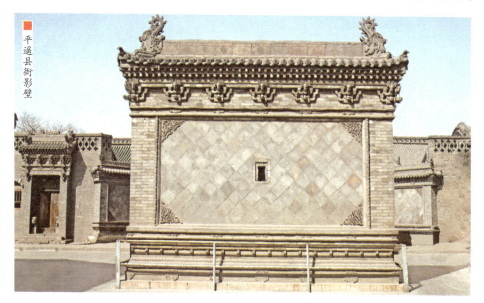

平遥县衙影壁

西南隅的县衙署为明清时期的衙署。

■ 平遥县衙二堂

平遥县衙创建已久，但由于历史原因，早期的建制已荡然无存。据《平遥县志》记载，1303年8月6日夜，县境发生大地震，人员伤亡7000多名，房屋倒塌2万多间，县衙建筑也倒塌殆尽。

据1475年的《山西通志》记载，这座衙署初建于1346年。1370年，由当时署理平遥县事的主簿孙在明主持重建，至今已有600多年的历史。

平遥县衙位于衙门街中段路北，坐北朝南，南北轴线长200多米，东西宽100多米，占地2.6万多平方米。整个建筑群主从有序，布局对称，前朝后寝，左文右武。

据清光绪八年《平遥县志》记载，县治于1591年、1597年、1619年及1620年，均有过大规模的增建和改筑。1655年和1879年两次补修添建。

1591年，知县何其智将3座大门改修为砖砌门

平遥 旧称古陶，位于山西省中部，是一座具有2700多年历史的文化名城，也是目前我国唯一以整座古城申报世界文化遗产获得成功的古县城。明朝初年，始建城墙。平遥城墙总周长6163米，墙高约12米。城墙以内街道、铺面、市楼等都保留明清时期的形制，城墙以外称新城。

■ 平遥县衙牢房

雄伟的府衙

知县 官名，秦汉以来县令是一县的主官。唐代称佐官代理县令为知县事。宋代常派遣朝官作为县的长官，管理一县的行政，称"知县事"，简称知县。如果当地驻有戍兵，并兼兵马都监或监押，兼管军事。元代县的主官改称县尹，明、清以知县为一县的正式长官，正七品，俗称"七品芝麻官"。

洞，于门洞上增修3座谯楼，并在县衙内东侧新修3间寅宾馆。

1597年，知县周之度在县衙大门外东侧增修一座观风楼。

1619年，知县杨廷谟对县衙进行了大规模的修缮。当时，重修大门3扇，修仪门3扇，东西角门各一扇，新修土地祠3座，修筑木结构牌楼观政亭一座，重修大堂5间，其中东梢间为钱粮库，西梢间为武备库，公堂东西耳房各3间。

东为赞政亭，西为銮驾库，新修吏、户、礼、兵、刑、工六房22间，大堂后修内宅，东设县丞宅，西有典史宅，在兵、刑、工房后修有公廨房，以北修县仓。至此，平遥县衙的格局已基本定型。

1620年，又将牢狱围墙改为砖石结构，在仪门外，大门里修砖窑14间，名曰"赋役房"，以便里老收粮。衙门外东侧新修彰瘅亭、阴阳学、医学，西侧添修申明亭。衙署对面路西修筑管支马户、轿夫房、总补司房共9间。

1655年，知县汪丽日在衙署内的东侧增修了一座钟楼。

1754年，在县署内东侧空地又修建侯庙，包括正殿、前殿各3间，戏台一座。

1791年，维修县署内东侧的关帝、观音、火神祠，将原址的3间正殿扩修至5间，祠西侧增修壮班正班房3间。

1801年，在壮班房前增修影壁一座，在关帝、观音、火神祠前重修乐楼3间。

1827年，重修关帝、观音、火神祠内院东西配房，外院增修壮班西班房3间，厨房一间。

1879年，知县恩端整修县衙东花厅。

1881年，知县锡良整修二堂、耳房及东西门子房，同时整修宅门东西耳房及花厅院南房、东房，其余各处有毁坏者都予以修葺。

1912年，平遥县衙改称县公署，知县改称县知事，其后下属组织机构多次更迭，古建筑长期失修。

新中国成立后，平遥县衙成为平遥县人民政府的所在地，之后多数旧建筑被拆除、改建。后来，由县文物局牵头对县衙实施全面修复规划。衙署中线和东线建筑群基本复原。

关帝 即关羽，字云长，东汉末年的名将。刘备、诸葛亮等入蜀，关羽镇守荆州，刘备夺取汉中后，关羽兵败被害。关羽去世后，被民间神化尊为"关公"。历代朝廷多有褒封，崇为"武圣"，与"文圣"孔子齐名。

观音 即观世音菩萨，菩萨在古印度佛教中为男子形象，流传到我国后，随着菩萨信仰的深入人心，便逐渐转为温柔慈祥的女性形象。佛教雕塑中，菩萨多以古代印度和中国的贵族的服饰装扮，显得格外华丽而优雅。

阅读链接

据《清稗类钞》记载，明清两代，知县一律在异地为官，不允许携带家眷。直至清乾隆年间，皇帝才诏令此规可破。

因此，以往知县需到2500米以外的地方上任县官，知府以上需到500千米以外的地方上任。就连教谕、训导也不得在本"府"的境内任职。家眷也一般不得到任所探视。

加之当时社会观念封闭，知县在处理公务之余，只能在这块小天地里看书、作文、吟诗、抚琴，生活单调枯燥，难享天伦之乐。由此可见，封建时代易地为官者的苦衷。

堪称皇宫缩影的古城衙门

平遥古城由纵横交错的4条大街、8条小街、72条蚰蜒巷构成。按照我国封建社会多年形成的惯例，官府必位于城的正中轴线上，平遥县衙也不例外。然而自唐宋以来，由民间俗神"八蜡"的第七神"水庸"演化出的城隍，随着城池重要性的增强而越来越受到推崇。被

平遥县衙亲民堂

道教奉为"剪恶除凶，护国保邦"之神，并兼领阴曹地府的狱讼。官府也尊其为城池隍壕的守护神。

这样，县城有了"阴、阳"两所衙门，按照"天人合一，尊天为上"的礼制，县衙只有屈居下首了。

1346年，元代的统治者把县衙署建在了城中线的西侧。

1369年，朱元璋为巩固政权，从宗教信仰上强化军民将士王者心理，大行封赏天下城隍。诰封京都、开封、临濠、太平、和州、滁州之城隍为"王"，全国各地府衙所在地的城隍称为"公"，州衙所在地的城隍称为"侯"，县衙所在地之城隍是鉴察司民城隍，显佑伯，秩四品。

不久，朱元璋又令各地供奉城隍时，以所在地的地名冠于城隍之前为神名。并要求府、州、县官上任时，须先祭拜当地的城隍，并设司拨银定期祭祀。自此以后城隍庙居于县衙之左，也就成定规了。

在平遥县衙的衙门外，左有观风楼，右有乐楼，前有照壁；衙门内，沿中轴线自南而北有仪门3座、牌坊1座、大堂5间、宅门3间、二堂5间、内宅5间、大仙楼3座。仪门外之东西厢房各7间为赋役房。大堂前东西厢各11间，为吏、户、礼、兵、刑、工房。大堂两旁设赞政厅、銮驾库各3间。

宅内各层均有东西厢房。衙署东部有彰瘅亭，自南而北又有钏

■ 平遥县衙石刻

楼、土地祠、寅宾馆、侯祠、粮厅和花园。西部有申明亭，往北有重狱、女狱、轻狱、洪善驿、督捕厅和"马号"。

　　这座古县衙的主要建筑均有楹联，大堂楹联为："吃百姓之饭，穿百姓之衣，莫道百姓可欺，自己也是百姓；得一官不荣，失一官不辱，勿说一官无用，地方全靠一官。"

　　二堂楹联为："与百姓有缘才到此地；期寸心无愧不负斯民。"从楹联内容可见当时的官场，一方面体现了为官者时时自省；另一方面也在标榜官民一家。

　　县衙大门外隔道相对原有一处照壁，本是遵循民俗所建，所以照壁以南称为"照壁南街"。县衙大门外右侧有"申明亭"，原修于1620年。

　　1372年，明太祖朱元璋诏令全国各州、县修申明亭，凡民间婚姻、田产、地基、斗殴等纠纷，必须先在申明亭由各里长调解，调解无效者方可具状击鼓。

照壁　又称影壁古称萧墙，是我国传统建筑中用于遮挡视线的墙壁。影壁可位于大门内，也可位于大门外，前者称为内影壁，后者称为外影壁。形状有一字形、八字形等，通常是由砖砌成，由座、身、顶三部分组成。影壁还可以烘托气氛，增加住宅气势。

实际上申明亭就是一个民事调解处。

申明亭的设立也是明朝初年对诉讼程序的一项改革，它解决了千百年来县太爷被民事纠纷困扰，无法脱身去整治、发展一县的政治、经济、文化等大业的陋习。

大门廊下架设登闻鼓，立于洪武初年，百姓可击鼓上闻，申诉冤屈。

大门外东原有"彰瘅亭"一处，初建于1620年，是彰善瘅恶、端正社会道德风化之所。

县衙署大门以里，仪门以外，两厢就是赋役房。据1707年《平遥县志》记载，这里原是1591年，知县何其智在东侧修的3间"寅宾馆"。

1620年，知县杨廷谟在仪门外两旁修7间赋役房，应共计10间。光绪年间的《平遥县志》的"县治图"上，也绘着赋役房，每侧为5间。

赋役房，就是县衙收取赋役钱粮的办事处。明清

光绪　（1871～1908年），爱新觉罗·载湉，清德宗光绪皇帝，清朝第十一位皇帝。4岁登基，起初由慈安、慈禧两宫太后垂帘听政，慈安崩逝后由慈禧一宫独裁，直至光绪帝18岁亲政，慈禧太后垂帘听政。

053

最大县衙

平遥县衙

■ 平遥县衙常平仓

雄伟的府衙

■ 平遥县衙匾额

时期国家财政来源于向农民收取的田赋和丁银，田赋按农户拥有的土地以亩计收，丁银按人口计收。多数农民只能交纳粮食，无法折交银两。

国家征收赋役钱粮集中在秋收以后，当时收缴数额大，运输工具落后，只能肩挑、马驮、车推，为了尽快完成，县衙事先排定各坊里上交赋役的日期，集中在此地办理。

赋役房以北，两侧各修有一间小房，东间为灶火，西间为柴炭，供衙役人等自己烧水、做饭。

仪门即礼仪之门，建于1619年，是一座强化封建礼制的建筑物。按照封建社会儒教伦理，人的一切行为举止，都必须上下有别，不可乱礼逾制。在衙署中出入门庭也必须遵循礼制。

中门平时关闭，只在县太爷出巡、回衙、恭迎上宾、重大庆典时方才开启。平时走两侧便门，两侧便

儒教 或称孔教。儒教是以孔子为先师，圣人神道设教。儒教是我国传统的国家宗教，也是我国传统文化精神和灵魂。由于我国传统文化五千年未曾中断，儒教在数千年的演变和发展中也未曾中断。

门东为"人门"，西为"鬼门"。一般人两门皆可出入，唯提审、押解犯人，必须走鬼门。

穿过仪门，就到达了大堂院。此处庭院宽敞，配有月台的大堂巍然高耸于正面。东西两庑各有房11间，统称"六部房"。初建于1619年。六部房之名源于我国封建社会的"三省六部"制。

各部分工明确，职责清晰，为皇帝执掌不同方面的统治职权，使封建社会的统治秩序井井有条。

为适应这种完善而严格的行政程序，各省巡抚衙门、府、州、县衙，都按六部形式设置对应的办事机构，即"六部房"，也称"六房"。

"六部房"按照"左文右武"的礼制，东边是吏、户、礼房，一般由县丞分管，西边是兵、刑、工房，由典史分管。清代中期后，县级"六房"已不再单设机构了，虽不成建制，但吏员对六房之事仍各有专司，衙署中的各种文札、档案、账簿、器物等，仍按部别分别存放保管。

六部各房在明清时期各自发挥不同的职能。县衙吏房的主要职责有：

一是整理记录本县历任官吏的政绩和本县的特大事件，及时呈报上峰。同时，协助知县对本衙佐杂人员进行考核，奏销工食银等。

二是调查登记在籍的进

三省六部 自隋唐以来，在皇帝专制下的中央政权机构内，设中书省、尚书省、门下省。明清时期更突出了尚书省的行政职能，设"吏、户、礼、兵、刑、工"六部，各部正职称"尚书"，副职称"侍郎"。

055

最大县衙

平遥县衙

■ 平遥县衙休息厅

平遥县衙内的跪砖

士、举人、贡生等的家庭出身、品端德行、学识造诣等，上报府台，有的还可能转至督抚衙门、吏部衙门等，供补官吏时参考。

三是调查本县人士在外为官的情况，以便载入史册，为本邑在外为官者出具必要的证明文书。同时便于同其在乡近亲协调好关系，相互予以关照。

四是承办捐纳官衔、封荫等事务。

户房的职责有：

一是稽核全县各里甲的土地、人口，分配及收缴田赋丁银。收缴的钱粮按照布政使或府台指令，大部分征解上交到指定地方。留存本县部分移交"钱粮库"，由县丞管理，知县支配。

二是负责本县常平仓、丰备仓等县直粮仓的藏储调用。组织各乡里交的社仓、义仓，管理集市，缉查私盐。

三是保管朝廷钦定的度量衡具标准件，管理社会经济贸易秩序。

户房对收回的零散银两，上交前要熔铸为官银元宝，一般分为50两、10两两种，铸造模具户房保存，成色也由户房监制。然而明清两代铜钱币不得在县衙浇铸，由中央户部"宝泉局"统一浇铸，清康熙年间又特准各省设局铸造。

进士 在我国古代科举制度中，通过最后一级考试的人，称为进士。是古代科举殿试及第者的称呼。意思是可以进授爵位的人。这一称呼始见于《礼记·王制》。隋炀帝大业年间始置进士科目。唐代也设此科，凡应试者谓之举进士，中榜者皆称进士。元、明、清时，贡士经殿试后，及第者皆赐出身，称进士。

四是根据知县指令，办理赈灾恤贫事宜。

礼房主管礼制、庆典、科考等事宜：

一是主持、组织全县的重大庆典、迎诏迎宾仪礼，组织文庙、武庙、城隍庙、邑厉坛、社稷坛等官祭仪式。组织乡饮酒礼、迎春神牛酒席等常规礼仪。

二是安排"县试"的后勤工作。主管县试的命题、阅卷、录取。还主管县学及全县的社学、义学，监督教学情况，端正生员礼仪。

三是联系生员参加府台复试、省城乡试，安排廪膳生员的廪粮、赴考费用。派人为中式生员家中赶送喜报，组织为公车会试举子的送行仪等。

四是随时在彰瘅亭张榜斥恶扬善，强化儒教礼制，引导社会风气，制定乡规民约等。为进士、举人、义士、孝廉、烈女、节妇等进行申报、树立旗杆、修建牌坊、镌刻碑铭等，以彰优答劣。承办捐纳功名手续。

阅读链接

"明镜高悬"这四个字，可谓是家喻户晓。关于这四个字的来历还有一个典故呢！

据汉代刘歆编撰的《西京杂记》记载，汉高祖最初来到咸阳宫时，有一面方镜，让他倍感惊讶。

镜子方圆约1.3米，高约2米，反正面都可照人。有人前来照镜，镜中的人影是倒着的。如果把手捂住心脏部位，就会看见肠胃等五脏。

如果来的人有疾病在内，掩心照镜，就会知道疼痛的地方在哪里。秦始皇曾经用这面镜子照宫人，心存不轨的人都会被杀。

后来，人们就以"明镜高悬"来比喻官吏们执法严明，判案公正，或办事明察秋毫，公正无私。

最大的大堂及附属建筑

　　平遥县衙作为我国古代保存至今规模最大的府衙，其大堂的建筑规模也是独一无二的。平遥县衙大堂为5楹厅堂，中间3楹为公堂，正中后方屏风上绘山水朝阳图，屏前为官台，上方有官阁，阁上方悬有匾额，书"明镜高悬"。该匾之语，似为历代官阁之通用语。

　　官台上设案，上置"文房四宝"、火签筒、惊堂木，官印盒置于

■ 平遥县衙内的亭榭

■ 平遥县衙刑具

右侧。当日知县升堂端坐，正好是升起朝阳的位置，表示日丽中天，王法公允。

大堂内陈列着七品正堂的部分仪仗，也称"执事"。按照清代规定，知县仪仗没有"回避"牌，因为封建社会的县衙，就是最基层的政权机构，知县的职责便是处理本邑各种事务，无回避百姓之理由，知县应"与小民朝夕相处，勿使隔绝不通也"。

知府以上官吏，一般不直接受理民事，出巡时才有资格用"回避"牌。

大堂内东西两侧分别为钱粮库和武备库。

大堂外东侧是赞政亭。赞者参也，赞政亭也即参政之所。知县常在这里接待各里坊耆老、乡绅等地方上有名望的人和告老还乡的官员等，以示"体恤民情"，实则为官吏同地方势力结盟之所。清代不准未

文房四宝 我国独有的文书工具，即笔、墨、纸、砚。文房四宝这一说法起源于古代南北朝时期。历史上，"文房四宝"所指之物屡有变化。在南唐，"文房四宝"特指诸葛笔、徽州李廷圭墨、澄心堂纸、婺源龙尾砚。自宋朝以来"文房四宝"则特指湖笔、徽墨、宣纸、端砚和歙砚。

■ 平遥县衙内的古树

仕之有功名者过问政事。

大堂外西侧是銮驾库。銮驾是皇帝仪仗的别称，明代规定各府、州、县都要准备迎接和导引圣诏的龙亭和仪仗。这种仪仗就是仿制皇宫的銮驾。平时不用，存放于銮驾库。清代仍沿用这种礼制。銮驾库之设置，当源于此。

大堂背后的二堂，自成四合院落，而且同后面内宅相通，所以二堂院门也称宅门。看门差役称"门禁"，也叫"门子"。

门子日夜值守，闲人免进，有事求见大老爷，必须门子通禀。清代门子年俸银6两，但许多来访者为求方便，常赏其小费，这个职务当然是肥缺了。

知县除每日上午9时左右升大堂署理公务外，其余时间主要在二堂办公处理日常公务、个别召见下属、秘密询问案件、会见来客等，所以二堂没有大堂那种森严的气氛。

引人注目的是二堂后墙东侧的一块"除暴安良"匾额，是1882年，由邑人王希闵送给时任知县锡良的。此匾为原物，一直藏在二堂顶棚内，近年翻修二堂屋顶时才被发现。

东侧墙上悬挂的"张仲遗风"匾额，也是原物。是民国初年百姓赠给县知事吴洁己的。

二堂内东西耳房分别为简房、招房。

锡良 字清弼，蒙古镶蓝旗人，1873年进士。历经同治、光绪、宣统三朝。他先后任山西知县、直隶州的知州、候补知府等职。他在山西任职20年，以廉洁、仁爱、为官认真、作风朴实而受到山西百姓的爱戴与感激。

简房是县丞的办公处所。县丞为知县的助手，正八品。室内现陈列清代县衙作息制度，知县丁忧、俸满、封印制度。旧时父母亡故，子女需回家守孝3年，实际是仅有27个月，称为"丁忧"。为官者若遇父母亡故之事，需申报吏部开缺，居丧期满后，吏部将视情况而重新安排工作。

汉民族的儒礼以孝为本，所以丁忧期间连科考都不准参加，否则治罪。如子女身为武职，遇有紧急军情，或国难当头，或皇帝诏准，方得以"忠孝不能两全"而遥拜致祭。这里充分体现了封建社会中，汉民族儒教礼制对人们道德行为的规范。

二堂内的西耳房为"招房"，旧时为典史的办公场所。明清时代的典史无官品，即"未入流"。掌管稽检狱囚。典史职品虽小，但一般都由地方上的"闻人"充任。

俸满 明清时代官吏任职满一定的年限，则依照惯例升调的制度。明代就有关于俸满的记载。《清会典·吏部七·文选清吏司四》中，记述了京城的官员以历俸两年为俸满，外官以历俸3年为俸满，未俸满的人不能升迁。

■ 平遥县衙建筑

■ 平遥县衙钟楼

典排在知县、县丞、主簿之后，俗称衙门中的"四爷"。有时知县外出或在封印期间，则由典史代行职权。清代已经不设主簿，使典史权力更加膨胀。典史出身杂流，常易专权，清代科举出身的知县对其提防甚紧，宁可信任师爷、书吏，也不敢倚重典史。

清初官吏薪俸低微，难以维持生计。一品大员年俸银180两，正七品知县年俸银才45两。以权谋私、挪借公款之弊难以根治。

1724年，雍正皇帝批准山西巡抚诺敏的奏请，把全国各地官府"火耗银"，全部收归国库，按官品补贴发给，以资养廉，故称"养廉银"。不在任就没有了，相当于"职务补贴"。

正七品知县养廉银每年为400两至2000两。根据县邑大小、赋税总额等拉开档次。官居边塞或少数民族居住区的人从优，也算是一种激励机制。

二堂外的两旁，分别是"钱谷师爷"房和"刑名师爷"房。

"师爷"实际上是封建社会科举选官制度的必然产物。清代随着封建经济的发展和资本主义文化及经

师爷 既不是官也不是吏，是清代官僚制度产生的一种特殊的名目，实际上是长官的"幕友"，类似春秋战国时期的"门人"和"食客"。清代从督抚衙门到州县官署，无处不有。他们有着比官吏更为显赫的声望和地位。吏役、百姓尊县太爷为老爷，尊称这些幕友为"师爷"。

济的入侵，官员们经常会遇到外国传教、涉外经济等新问题。特别是清代捐纳制度的盛行，使得一些力不胜任，甚至不学无术之辈，也在金钱的作用下升官主政。"师爷"这一行业应运而生。

因师爷多出自浙江绍兴，故泛称"绍兴师爷"。那里有一些屡试不第而谙熟官场"为官之道""场面规矩"，特别是精于钻营、善于交际的读书人，受雇于官府，充当顾问，时称"师爷"，他们还设堂收徒，引荐就业。

穿过二堂就是内宅，内宅是明清时期知县的生活区，正房5楹，中间3楹为客厅，两侧套间各一楹，是书斋和卧室。客厅中正面悬挂匾额，上书"慎勉堂"，落款为"1619年，知县杨廷谟"。其实这个堂名是布展者无视历史的编造。

在清光绪年间的《平遥县志》中，记载杨廷谟为修县志所作的《重修平遥县志序》，文中结尾落款是"1620年在庚申孟秋吉旦。敕授文林郎知平遥县事上谷杨廷谟沐手谨书于忠爱堂中"。杨廷谟当时的书斋称"忠爱堂"，即忠君爱民之意，符合封建社会为官者之铭。

平遥县衙偏房

雄伟的府衙

■ 萧何（约前257
~前193年），江
苏人，早年任秦沛
县狱吏，秦末辅佐
刘邦起义。楚汉战
争时，他助刘邦战
胜项羽，建立汉
代。萧何采撷秦六
法，重新制定律令
制度，即《九章
律》。在法律思想
上，主张无为，喜
好黄老之术。公元
前196年又协助高
祖消灭异姓诸侯
王。高祖死后，他
辅佐惠帝。

内宅的东、西房为客房，有上峰莅临或同窗同科谊友来访，可作为留宿之所。上级送公文的信使，则只能送至二堂，不得步入内宅，更不能留宿内宅，只能在"寅宾馆"或"公馆"食宿，这大概也是一种等级制度吧。

平遥县衙中轴线上的最后一座建筑是"大仙楼"，上面供奉着守印大仙。清代官衙奉狐仙为守印大仙，不知何故。守印大仙木主为红底金字加云饰牌，带须弥座，外置神龛。

大仙楼是平遥县衙中仅存的原建筑物，故而地势偏低。原名观云楼，这里是知县每日茶余饭后观察天气云晴之所，反映了古代平遥农业在封建经济中的地位。至清代，观云楼改称大仙楼。

县衙中轴线建筑，除仪门内至大堂的石牌坊外，根据旧县志图示，西侧还有牢狱、督捕厅、洪善驿、马王庙等建筑后世尚未重修。东侧的土地祠、酂侯庙、粮厅、花厅、壮班房等已经重修完毕。酂侯庙正殿中间主受祀者，是西汉开国元勋萧何。

平遥县对酂侯萧何的祭祀，其起始年月已无记载。据平遥县衙署旧址现存《创建酂侯庙记》碑文记载，1754年以前，仅有一尊酂侯泥塑像，借祀于署内土地祠中。钱廷镛于1749年来任平遥知县。他在《创建鄨侯庙记》之碑文中说：

　　余于前年首夏既已，允书吏之请，择衙左隙地创建专祠。捐俸倡始，邑之士庶亦无不欢输乐助。经始于壬申之仲夏，落成于是年之季秋，而丹腹涂墍门庭窗牖，于甲戌之春始毕功焉。书吏等请余文为记，以垂永久。

后来，平遥县署中的鄨侯庙被修葺一新。

大堂赞政亭的东偏侧有一座小院。据县衙署中现存1827年《重修庙祠碑记》记载："邑署大堂之东偏，旧有关圣帝君、观音大士、火德真君祠，创建多年，取义无所考证。""长托庇荫以垂诸不朽。帝君、大士、星君之所以合祀，而我陶壮班之香火至今不绝也。原址正殿3楹，当乾隆五十六年益为5间……迨嘉

■ 平遥县衙内萧何像

里甲 明代社会基层组织。城市中的里又称坊，近城者则称厢。每里为110户。1370年开始在江南个别地区实行。后经户部尚书范敏倡议，推行于全国城乡。一里之中多推丁粮较多的10户为里长，其余100户分为10甲，甲设甲首。以里甲为单位编派的徭役称里役或甲役，有正役和杂泛差役两种。

■ 平遥县衙内的住宅

庆六年，又增修照壁。"

文中可看出该"庙祠"为县署中壮班衙役所奉祀，以求得庇荫保佑。1827年重修时，总纠首是6位壮班头目，即成廷泰、李国忠、闫正廉、姚有义、杨兴顺、冀廷财。

清代平遥县衙署中壮班衙役共计50名，他们是由各里甲轮流派出的青壮年，到县署值年服役，其社会地位有别于被人们鄙弃的皂班、快班衙役。

他们的主要职责是维护地方治安、抢救水火天灾，因此他们有自己独特的精神信仰。他们希冀关圣帝君助他们一臂之力，观音大师护佑他们，火德真君保佑不发生火灾。

在明清时期县级衙署的"三班衙役"中，也有森严的尊卑等级。碑文中提到当年的照壁仍在，乐楼无存。仅复修庙祠为一进院而已。

土地祠设于衙署之中，供奉土地爷，这反映了我

国汉民族长期以农业经济为主而产生的相应的宗教文化。花厅、粮厅都是县署的内务设施。

壮班房以及大堂月台下原有的差役房，东西对称，是县衙里三班衙役的住所。所谓"三班"即皂班、快班、壮班。虽然都是衙署的差役，但其分工不同。

皂班即皂隶，主司站堂、报事、行杖等内职。清代平遥县衙皂隶编制为知县用皂隶16名，县丞用皂隶4名，典史属下皂隶4名，洪善驿皂隶2名，接递甲皂20名。每名皂隶年工食银一律6两。快班即捕快，也分步快和马快，负责缉捕人犯。

清代平遥县署设捕快8名，年工食银及草料银共134.4两。壮班，即民壮，每年由当地百姓中轮派青壮年担任，主要职责是维持地方治安及衙署内劳务。每人年工食银6两。

除此之外，明清两代平遥县衙还有狱卒、轿夫、灯夫、禁卒、伞扇夫、库子、斗级、仵作等杂役，工食银也是每人每年6两。

清朝政府还特别编修了《州县事宜》《牧令书》等，是专门针对州官、县官的政书，对州县正印官进行约束规范，使之有法可依，有章可循。清代县级行政组织，是我国封建社会最完备的阶段。

清代县衙，把司法、行政、财政三权合一。自上而下可以贯通，便于施政，但是长官权力过分集中。吏治不清，官场腐败，与这种统治运转机制也有很大关系。

"一座古县衙，半部官文化"。然而令人称奇的是，平遥县衙在清代晋商兴盛的百余年间没有出现过一任贪官，当地繁盛的商业文明孕育了特有的官场文化。

迈入这座沧桑古衙，随处可见的楹联匾额以独特的视角诠释了当时执政者对官吏的道德操守要求和为官者的自勉，蕴含着朴素的民本思想，贯穿着清官情结。

作为古代基层政权的活标本，县衙中的一些建筑饰物上的廉政典故，譬如"公生明、廉生威"官箴，"异地任职"回避制度，"申明亭""瘅彰厅"等调解民讼和教化民风的功能，清代雍正时期的"养廉银"制度等，无不折射出一个时期廉政文化的特有魅力，极具历史和现实意义。

阅读链接

关于县衙二堂后墙东侧的"除暴安良"匾额，这里还有一段故事呢！

1880年，蒙古镶蓝旗进士锡良任平遥县知县。1881年冬，平遥县落邑村的古董商人王希闵，在收买古董时，收到一副"铜"象棋，实际是纯黄金制作。

村中几名无赖听到风声，夜入王宅蒙面抢劫，未能得手。留下匿名信一封，威胁其交出象棋，否则将招来灭门之祸。

王希闵急奔县衙告状后，锡良派人微服私访，反复查证分析，并派人蹲守，终于将这帮恶徒擒获，并审出他们以往犯下的累累罪行，对他们施以重刑，百姓无不拍手称快。王希闵更是感动不已，于1882年正月县衙开印后，恭送此匾。

直隶总督府

　　河北省保定市在历史上也曾留下一些举足轻重的文物景点，其中，保定直隶总督府就是其中首屈一指的文化遗存。

　　直隶总督府处于河北省保定市繁华的市中心，在它的对面就是有名的总督府广场，广场内经常举办大型的活动，看起来很是繁华。

　　它也是我国唯一保存完好的一座清朝省级衙府。直隶总督府可谓是清王朝历史的缩影，历史内涵十分丰富，有"一座总督衙署，半部清史写照"之称。

李卫走马上任直隶府衙

清初所设置的直隶省，至光绪年间，其辖区包括今河北、北京、天津和山东、山西、河南、辽宁、内蒙古的一部分。

直隶总督，正式官衔为总督直隶等处地方提督军务、粮食、管理河道兼巡抚事，是清朝九位高级的封疆大臣之一，总管直隶、河南和

■ 直隶总督府内的匾额

■ 雍正帝（1678-1735年），清世宗爱新觉罗·胤禛，是清朝第五位皇帝，入关后第三位皇帝，清圣祖康熙第四子，1722年至1735年在位，年号雍正，庙号世宗。雍正帝采取了一些严厉的手段整治官员腐败，对外进一步维护边疆稳定。

山东的军民政务。由于直隶省地处京畿要地，因此直隶总督被称为封疆大吏之首。

直隶总督一般为正二品官员，凡加尚书官衔者为从一品，统管全省官吏任免、节制军队、诉讼审判、外交处理等军民要政，涉及政治、经济、军事方方面面，代表清政府管理一方，又向朝廷负责。

因直隶地处京畿重地，天子脚下，稍有动乱便危及京城安全，所以清朝历代的直隶总督多为朝廷信任、倚重的大臣，致使直隶总督位高权重。

直隶总督坐镇省府，令由府发，所以自雍正以后的许多重大历史事件，如兴农治水、察吏安民、外交事务、办理洋务及推行新政等都与直隶总督及总督府有着密不可分的联系。

清中期的直隶总督，最被我们熟知的就是李卫了，有的说李卫是要饭出身，有的说李卫是雍正的兄弟。李卫康熙年间入朝为官，历经康熙、雍正、乾隆三朝。李卫深受雍正帝的赏识，历任浙江总督、直隶总督等职。

历史上真实的李卫并不是出身于市井的"叫花子"，而是江苏丰县一家境比较富裕的人家。1717

封疆大吏 我国古代一级长官，如总督，负责大区域军政事务，职权最重；巡抚掌一省财政、民政、司法、乡试，地位略次于总督，或执掌关防大印的统帅以及品级相当高的官员。

雄伟的府衙

年，李卫花钱捐了一个贡生，这是科举时代，挑选府、州、县秀才中成绩或资格优异者，升入京师的国子监读书，称为贡生。

贡生相当于举人副榜，也就算是有功名在身了。贡生的意思是以人才贡献给皇帝。贡生也就算是我们现在说的保送生一样，不过是花了钱的保送生。

1719年，李卫迁户部郎中。据《小仓山房文集》记载，李卫在户部供职期间干了一件让当时还是亲王的胤禛刮目相看的事：当时分管户部的一位亲王每收钱粮1000两，加收平余10两。李卫屡次谏阻这位亲王，亲王都不听，于是在走廊上放置一柜，写着"某王赢钱"，使这位亲王十分难堪，只好停止多收。

雍正十分看重李卫"勇敢任事"的优点，自己刚继位就马上任命李卫为云南道盐驿道，第二年擢升为布政使掌管朝廷重要税源的盐务。

■ 直隶总督府内的烟具

■ 直隶总督府内的卧室

1725年，李卫又被擢升为浙江巡抚兼理两浙盐政。1727年，李卫"寻授浙江总督，管巡抚事"。1728年，朝廷又以"江南多盗"，而地方官又"非缉盗之才"为由，命李卫统管江南七府五州盗案，"将吏听节制"。

1729年，李卫被加封为兵部尚书、太子太傅。1732年，李卫又被内召为府理刑部尚书，寻授直隶总督。托了雍正皇帝的福，李卫在任直隶总督期间可以好好重修一下总督衙门了。

这时候重修的直隶总督府的建筑布局，既承袭了元代衙府的特色，又受到了明清北京皇家宫殿建筑布局的影响。

我国明清两代的衙府建筑多有定规，通常受北京皇宫的影响，主体建筑按前衙后寝的格局，分布在南

李卫 字又玠，江南铜山人，清代名臣。李卫在康熙年间入朝为官，历经康熙、雍正、乾隆三朝。李卫深受雍正皇帝赏识，历任浙江总督、直隶总督等职。乾隆三年病逝，谥敏达。李卫同鄂尔泰、张廷玉、田文镜均系雍正帝心腹。

雄伟的府衙

■ 直隶总督府内景

北向的中轴线上，东西两侧各有一路对称的辅助建筑，共同构成典型的衙府建筑格局。

整座直隶总督衙府建筑方位坐北朝南，东西宽134米，南北纵深约224米，共占地3万多平方米，其建筑分东、中、西三路。

所有房舍都用青砖青瓦建成，其柱均采用黑色，其廊虽有彩绘，却无特别豪华的装饰，整个建筑群质朴威严而又浑然一体。在这一点上很相似于北京的故宫，以及皇家生活、寝居的地方。

李卫不仅修好了直隶总督衙门，他在管理盐政方面也很有能力。他不仅加强了沿海各关隘的巡缉，打击不法商贩盗卖私盐等活动，同时还改革盐政税赋制度，此举，既稳定了盐业生产，又增加了盐业税收。

李卫治理海塘成绩卓著。他在海宁自翁家埠至尖山间的近百里海塘险要塘段抢筑乱石塘、柴塘近2300

弹劾 由国家的专门机关对违法失职或职务上犯罪的官吏采取揭发和追究法律责任的行为。在封建社会，官员之间可以相互弹劾，因为皇帝需要官员之间的斗争来保持对朝中大臣的掌控。

丈，缓和了危急形势；并且设塘兵200名及千、把总等员弁分驻沿塘常年修护。

李卫对整肃吏治也卓有成效。江南督臣范时绎、按察使马世庇护张如云及其党羽以符咒惑民，李卫毫不徇情上书弹劾，使"时绎夺官，世、空北皆坐谴，云如等论斩"。

1734年，李卫不顾忌户部尚书兼步军统领鄂尔泰的地位和眷宠均在自己之上，公开上书指参其弟鄂尔奇"坏法营私，紊制扰民"，使鄂尔奇被革职查办。

李卫是一个既聪明机智又铁面无私的总督，是一个很正直的人，一个直隶总督中最让百姓称颂的封疆大吏。

鄂尔泰 字毅庵，康熙举人。任内务府员外郎。1725年，他迁广西巡抚，次年调任云贵总督，兼辖广西。在滇实行改土归流，在西南各族地区设置州县，改土司为流官，加强中央对地方的统治。后任军机大臣。

阅读链接

在我国民间小吃中，有一种眼睛糕。传说，它的来历还与李卫密切相关。

据说，雍正的亲信李卫奉旨督建盐官海塘，两个多月仍无进展。李卫心急，便派亲信调查。

结果亲信回报，筑塘官兵并非不愿筑海塘，中午按一般军粮供给，大家到了下午就没了力气。

李卫听后，来到盐官的一家茶馆，老板向他推荐了眼睛糕。两块眼睛糕下肚，李卫吃得很饱。

于是，李卫就在盐官四周招收做眼睛糕的师傅数十名，将"眼睛糕"改名为"堰竞糕"，天天送往海塘。大家都明白了李卫的良苦用心，官兵们从此兢兢业业，努力修好了每一段海塘。后人为了纪念李卫，把眼睛糕称为"李卫眼睛糕"。

曾国藩就任直隶总督

1870年，北方大地春意盎然。当繁华的京城还是一片节日气氛，春节余欢还未消失的时候，原两江总督曾国藩满腹心事，忧心忡忡地从北京起程向直隶省城保定府进发了。

就在一个月以前，也就是在1870年腊月初，曾国藩在两江总督任上接到圣旨，调他为直隶总督时，他心里感到些许高兴。他深知直隶地处京畿要地，其总督一职非重臣莫属，这是皇帝和慈禧太后对他的重用。

■ 曾国藩（1811～1872年），初名子城，字伯涵，号涤生，谥文正，出生于湖南省长沙。晚清重臣，湘军之父。清朝军事家、理学家、政治家、书法家，文学家，晚清散文"湘乡派"创立人。晚清"中兴四大名臣"之一。

■直隶总督府内木牌

曾国藩便匆匆收拾行装于腊月十三赶到了北京，住在北京金鱼胡同的贤良祠。这里离紫禁城东华门不远，入朝非常方便。这位封疆大吏虽在宫里享有优厚的生活，但他独自一人每日除了接见一些京官大臣，并没有什么事。

有一天早晨，曾国藩对镜整装，看到自己两鬓白发，显出一副老态龙钟的样子，又感到近年疾病缠身，早已力不从心了。忽然，他有一个念头涌上心头，不如激流勇退，告老还乡方为上策。于是，他在下榻处写了一份告老还乡的奏折，揣在袖中准备上朝时递给皇上。

谁知，曾国藩一等便是一个多月，直至正月十七才得到皇上传旨接见。这位曾大人步入皇宫后，心情就紧张起来，唯恐有违宫禁，一切小心从事。

当曾国藩见到同治帝时，同治帝对他寄予了很高的希望，他说："现在畿辅要区，正赖重臣整理，该督当仰体朝廷倚畀之专，勿拘故常而遂萌退志，以副委任，有厚望焉。"

当曾国藩到了养心殿见到垂帘听政的慈禧太后时，因曾国藩是朝廷重臣，太后便赐座给他，并问了他生活起居的情况，然后对他说："直隶是京城重省，你要治理好，此去直隶省有3件事首先要做：一是

■ 直隶总督府正堂

养心殿　明代嘉靖年建，位于内廷乾清宫西侧。康熙年间，这里曾经作为宫中造办处的作坊，专门制作宫廷御用物品。自雍正皇帝居住养心殿后，这里就一直作为清代皇帝的寝宫，这里成为召见群臣、处理政务、皇帝读书学习及居住为一体的多功能建筑群。

练兵；二是治吏；三是治水。"

曾国藩连声称是，在太后的信任下，他把那份告老还乡奏折的事早抛之九霄云外了。曾国藩退朝后，便选在正月二十一起身赴直隶就任了。

曾国藩在轿中手持直隶地图，沿着永定河堤东行，一路查看河堤水患，凡是遇到龙王庙都要下轿进香，以求直隶地区能够风调雨顺。

当曾国藩安顿好一切之后，他就选定在西院修建了一座龙神庙，并且派人将他湖南老家的古藤萝移来了一棵栽在了总督府后院。一切就绪后，他选择农历二月十三这个吉日才搬进总督府大院。

当时的直隶，正处在混乱时期，直隶所辖范围到处是一片民生凋敝的景象。这里满地灾荒，饿殍千里，再加吏治腐败，军队松散，社会秩序极端混乱。曾国藩上任后，就采取措施开始整治这一地区。

一是整顿吏治，减轻民负，严令各地"不准于应征钱粮之外，加派分文"。告诫各级官员"视民事须如家事"，为民众"休养生息"创造条件。

二是清理狱讼，对长期积压的各类民事刑事案件进行了审理，并制定了《直隶清讼事宜十条》的地方性法规。

三是治理河道，进行永定河清淤，并加固了南北两堤，一定程度上缓解了水灾的发生。

四是赈济灾荒，采取了相应的开设粥棚、开仓放粮、发放救济金等措施。

曾国藩力主隆礼重教以拨乱反正，他在题直隶总督衙署楹联中写道：

念三辅新离水旱兵戈，赖良吏力谋休息
愿群寮共学龚黄召杜，即长官藉免愆尤

曾国藩当直隶总督时，非常重视教育。在直隶总督署的斜对面有一个保定莲池书院，创办于清雍正十一年，这里昔日庭院高雅，人才辈出，是当时国内四大名书院之一。书院自创立之日起，就得到清朝皇帝和各级官员的重视，乾隆帝曾四次巡幸莲池书院，欣然赐诗上百首，其中有首特别闻名：

■ 直隶总督府题刻

直省督勤书院规，保阳独此号莲池
风开首善为倡率，文运方当春午时

龙神庙 我国古代传说龙也是水中的一位神仙，它负责兴云布雨，掌管一方的天气和气象变化。古代百姓历来有以龙神为崇拜对象的习惯。为龙神兴建的用于祭祀的场所就叫作龙神庙。

直隶总督府内的牛皮鼓

因此，历任直隶总督对莲池书院都是特别看重，督导有方。曾国藩到任后，他使莲池书院焕然一新，成为当时华夏近代国学的翘楚之地。

曾国藩对莲池书院的看重可以说是别具一格，出手不凡。他上任伊始，并没有像以往总督那样直接入住督署内宅，而是破天荒地直接寓居于莲池书院内办公。直到16天后的二月十三日，才移居总督署内。

据《曾国藩日记》记载，同治八年正月二十七日他到达保定的当天出门拜客的时候，就到莲池书院山长李嘉端处久坐，后来双方多有来往。仅据日记记载就有11次之多，他们多次长谈，其内容多与书院之事相关。

在此16天小住中，曾国藩常与次子曾纪鸿、弟子吴汝纶等游览古莲花池，巡视考棚，观人拓帖，与师生们多有来往，砥砺学问，并亲自为书院考试出题，抽空则和莲池书院山长李嘉端畅谈，了解保定府乃至直隶全省的历史文化。

曾国藩寓居莲池之初，就决心在自己任上由点及面地改变直隶的学风与士风。他特意把莲池书院当作向直隶士子宣传革新、提倡务实观念的主要窗口。他下榻莲池书院这一尊师重教的义举，可以说进一步加深了对莲池书院的认识，他下定决心要通过莲池书院这所文教重镇，来振兴保定府乃至直隶的文化。

曾国藩这样的行动，在历代官员中都是极其罕见的。他如此敬重教育，充分表明了他振兴保定府乃至直隶文教的明确态度和追求。

曾国藩不仅多次与莲池书院师生叙谈，而且不厌其烦，亲自为莲池书院的考试生童命题、亲批学生课卷，甚至亲自送学。莲池书院常年有月考、岁考的习惯。岁考就是学年大考，在正月举行，岁考及格才能作为院内生留在书院继续学习。

月考是每月举行一次的考试，考试分为"官课""斋课""古课"三项。所谓官课，是由总督、布政使、按察使、清河道员、知府所谓五大宪分别做主考官，轮流拟、阅试卷的一种督察性质的考试。

曾国藩对官课十分关心，到任后的第十五天，即同治八年二月十三日深夜还在"因明日考书院，将出题目，沉吟良久"。第二天早饭后才写好，他在考棚号舍巡视时才将题目交予负责监试的清河道。

曾国藩移居直隶总督署后的第二月二十五日晚上，即"将书院各卷略一翻阅"。第二天，他"请州县五人来看书院各卷"，两天后"因昨请州县阅书院卷，恐有不当，故请麓樵与挚甫、廉甫辈再一复校也"。他自己也"将各卷清点一番，略阅数卷"，可谓是慎重把关，绝不放任。

直隶总督府内的碑刻

此外，曾国藩还屡次专程为莲池书院生童送考送学，给予精神鼓励支持。然而，曾经经历过动荡岁月，莲池书院学风的改善并不是想象的那么简单顺利。曾国藩到任后1869年的五月十三日莲池书院例行月考时，尽管由

直隶总督府花园

他亲自监考，令人意想不到的是，"官课，诸生多不交卷，一哄而散"。

但是，曾国藩并不气馁，他在与书院山长李嘉端详细商议后，在十八日上午亲自带领衙役捕快到书院"送"闹事的诸生"补行斋课"，化解了这场风波。为勉励学生一心向学，他还以"中兴名臣之首"的身份替莲池书院写榜发榜，这对真正专心学问的书院诸生是极大的鼓励。

曾国藩就任直隶总督虽然只有一年多的时间，但其整顿社会风气、重教兴学、惩治腐败官员、救济灾民、发展生产等一系列措施，对当时直隶辖区内的社会稳定和经济发展都起到了至关重要的作用。

阅读链接

曾国藩刚到直隶上任，各级官员为他接风洗尘。大家知道曾国藩爱吃螃蟹，但是当时数九寒冬，根本没地方弄螃蟹。

有人找到张家作坊掌柜，他是一代名厨。大厨绞尽脑汁，他根据蟹肉色泽、味道，用鸡蛋和鱼肉为主要原料，精工秘制，研究出了一道"吃蟹不见蟹"的菜肴，名叫"炒代蟹"。

炒代蟹端上后，曾国藩看餐桌上清花瓷盘内全是黄澄澄、油旺旺的蟹肉，他先是一喜，品尝一口后，香气浓郁，便连连说："嗯！好蟹肉，何来如此好蟹？"

作陪官员如实禀报了曾国藩。曾国藩大为赞赏说："嗯，吃蟹不见蟹。好！"

于是，曾国藩当时就宣布将其作为直隶官府筵席特别菜品。后来，总督府每逢宴请重要官员，曾国藩都要将推荐此菜，简直广受好评，并一直流传了下来。

李鸿章重修直隶总督衙门

　　曾国藩离任后，直隶总督由李鸿章担任。李鸿章到任后又重新修复了直隶总督衙门。

　　直隶总督府大门以外，清时曾建有辕门、照壁、旗杆、乐亭、鼓亭、一对石狮、东西班房，以及西辕门外专供每日报时及拜发奏折之用的炮台等附属建筑。

　　辕门本是古代帝王巡狩、围猎、止宿在山野险阻的地方，用车子作为屏藩。出入之处竖起两辆车子，使两车的辕相向交接，成一半

■ 李鸿章（1823～1901年），安徽省合肥人，世人多尊称李中堂。作为淮军创始人和统帅、洋务运动的主要倡导者之一、晚清重臣，他官至直隶总督兼北洋通商大臣，授文华殿大学士。

雄伟的府衙

■ 直隶总督府屋檐建筑

十三太保 晋王李克用有13个义子，都被授予太保官衔。他们是五代时期后唐的13位著名将领。李存孝是李克用麾下的一员骁将，因排行第十三，故称为"十三太保"，而且他也是十三太保中最出名的一个，可谓是勇冠三军，百战百胜，因功被封为飞虎将军。

圆形的门，称作"辕门"。后来演化成泛指将帅的营门及总督府的外门。

照壁是面对大门用作屏障的墙壁，呈"一"状，两侧用木栅栏与东西辕门相连。照壁采用须弥座、灰砖压缝、主壁高约5米。壁面北雕有海水江崖旭日东升图案，面对太阳处雕一饕餮图形。

照壁南侧两端各嵌有两块虎头图案的告示牌，以供张贴告示之用。

旗杆在东西辕门南侧，照壁北侧，左右各一根，原为木质，高约十六七米。旗杆上端有一方斗，下收上放，可以站人。

旗杆的顶端悬一横棍，上挑一长方形红边白底彩旗，旗心上书"直隶总督部院"6个宋体黑字。

官房又称班房，大门外东西各5间相通，都有前廊，室内南北一铺大炕。古代官署清晨有定期或不定期点卯的规定，所属官吏，每天清晨5时前，要到衙署门前候等点卯，文东武西。

等到卯时文武官员共至大堂外，分班站立，仍是文东武西，听候点名，没有什么事情后方可退出回衙门。

石狮在大门外两侧各一只，石狮的制造与陈列有一定的规则，一般左雌右雄。狮子头上的卷毛疙瘩有定数，凡一品官员府第和府衙门上石狮，头上前额有13个疙瘩，人称"十三太保"。

总督府因为是一品衙门，所以此处石狮也有13个疙瘩，一品以下每降一级，减少一个，七品以下官员衙署不准摆列狮子。

中路建筑坐落在督府的中轴线上，大门内的主要建筑自南而北依次有大门、仪门、戒石坊、大堂、二堂、内宅门、官邸、上房、后库以及仪门以北各堂院的厢房、耳房、回廊等附属建筑。

大门，即总督府正门，是一座黑色屋宇硬山式三间一启门建筑，坐北朝南，过道一间，左右门房各一间，位于一米多高的台基上。

■ 直隶总督府旁的胡同

两根明柱、门槛及6扇棋盘式板门皆为黑色，含有"清正廉明"的寓意。大门上方正中悬一匾额，有"直隶总督部院"6个白底黑色扁宋大字，楹柱上挂有歌颂晚清直督业绩的对联。黑底金字，十分威严。

门前两根对称的大旗杆，各高约35米，为全国古建旗杆之最。院内有数十棵

■ 直隶总督府内义
和团塑像

粗大的桧柏,每逢秋冬季节,就会有数百只猫头鹰栖息在这些老树上,"古柏群鸮"成为衙内一景。

沿台阶而上,进入督府大门,沿甬路往北即是仪门。明清官署第二重门称为仪门。封建时代不同品位的官员相见,有其繁文缛节的礼仪程式,一般与总督品级相当的文武官员来衙门,宾主从仪门而入,共进大堂。

品级低下的官员来见总督,只能走仪门两侧的东西便门,文官走东门,武官走西门。

自仪门沿甬路北60余米,便是总督府的大堂,大堂即正堂,又叫公堂、公厅、正厅,是整座衙府的中心主体建筑。

大堂外东西厢房各9间为科房,是按清廷吏、户、礼、兵、刑、工六部规制下的办事机构,用以承接地方公务事宜。

总督府大堂，5开间，长22米，进深10米，高9米，堂前有抱厦3间，堂外有砖砌的13米见方的露台。以黑色油饰为基调的大堂布置得森严肃穆。

大堂正中有屏风一座，屏风中间绘有丹顶鹤、海潮和初升的太阳，象征一品文职大员。

屏风上悬挂的"烙恭首牧"匾额，是雍正皇帝的亲笔御书，是雍正皇帝御赐直隶总督唐执玉的。室内陈列的公案桌、诰封架、职衔牌、万民伞和车轿等物品，是总督的办公用品和出巡仪仗。

该堂是举行重大庆典活动的场所。大堂明柱上悬挂着醒目的抱柱联，其中有直隶总督李鸿章70岁大寿时，光绪皇帝及慈禧皇太后所赐的联匾。

这些匾额内容分别是——"圭卤恩荣方召望，鼎钟勋勋富文年"，横批"钧衡笃枯"；"栋梁华夏资良辅，带砺山河锡大年"，横批"调鼎凝厘"。

此外还有曾国藩任直隶总督时留下的对联：

长吏多从耕田凿井而来视民事须如家事；

吾曹同讲补过尽忠之道凛心篇即是官澂。

大堂外月台下40余米处，有横跨甬道的木质"公生明"牌坊一座，此坊又叫"戒石坊"。戒石坊

■ 直隶总督府万民伞

087

清代首衙

直隶总督府

万民伞 旧时绅民为颂扬地方官的德政而赠送的伞。伞上缀有许多小绸条，上书赠送人之名氏。在清代，地方官离任的时候，这个地方的绅商都得表示一点儿挽留的意思。官员得到的伞越多，表示这个官越有面子。

为一座四柱三顶的木质牌坊。南面书有"公生明"3个红底金字；北面有宋代书法家黄庭坚书写的官场箴规：

尔俸尔禄，民脂民膏，下民易虐，上天难欺。

从清朝开始，各级衙府均设有牌坊，形制并无特别要求，大多为四柱无斗拱的简易式结构。

直隶总督要是坐堂理事，就会面对此坊，戒铭就在眼前，便可告诫自己在处理政务过程中，必当公正廉明、廉洁自律。

大堂东西两侧天井北进穿便门即二堂院，二堂院布局严谨，四周廊庑相通，托檩、廊沿、门楣一手江南做法，雕工精细，是同治中期李鸿章督直时从安徽调来能工巧匠一并修制的。

衙府二堂是总督复审民刑案件，会见外地官员的办公室，其木结构还留有宋、元风格。堂内悬有"政肃风清"匾额，正中竖一木雕三扇座屏，中间雕有麒麟，麒麟是古代传说中的瑞兽，象征一品武职大员。

三堂是总督的书房和签押房。官邸及上房为督府的内宅，所以为掩人耳目，前有花墙与二堂相隔，两侧各有一门沟通东西便道，仅靠中间带顶的直廊和内宅门相连，成为出入内宅的必经之路。

雄伟的府衙

■ 直隶总督府内的兽纹石盘

廊庑 指"堂下周屋"，即堂下四周的廊屋。廊无壁，意为走廊、回廊，仅用来作为通道；庑则有壁，指正房所对和两侧的小屋子，可以住人。

三堂楹联是唐执玉手书的："将勤补拙，以俭养廉。"这是他的座右铭，也是他一生为官勤廉的写照。唐执玉是1703年，也就是康熙四十二年的进士，1729年，担任直隶总督。因为唐执玉深得雍正皇帝的赏识，这副楹联历届总督都不敢更换。

四堂也称"上房"，是总督及眷属起居的地方。这里清静幽雅，花木扶疏，官气很淡，生活气息很浓。四堂的正房面阔5间，左右耳房各两间，东西厢房各3间，建筑小巧，院落幽雅。

院北面的正房供长辈们居住，东西厢房则是晚辈们的住处，这样的安排体现了我国自古以来的"孝道"。房屋之间以回廊相连，成为府内宴息之所的核心部分。

上房院住宅四周以房屋后墙、外墙及院内回廊多层包绕，对院外不开窗，封闭性很好，可构成安静舒适的居住环境。这里可以算得上是府衙老爷们的养生之所。

孝道 "孝"作为一个伦理观念正式提出是在西周。当时的含义有两种：一是尊祖敬宗；二是传宗接代。传统孝道是一个复合概念，内容丰富，涉及面广。既有文化理念，又有制度礼仪。从敬养上分析，主要内容，可以用12个字来概括，即敬亲、奉养、侍疾、立身、谏诤、善终。

■ 直隶总督府灯笼

直隶总督府门楼

督府东路建筑，在清代自南而北依次为招待外地客人的寅宾馆、武成王庙、衙神庙、钱粮幕府院、存放文官车轿的库房、东花厅、外签押房、东北侧厨房以及供杂役和仆从人员居住的胥吏舍等。

西路主要建筑自南而北有武职胥吏居住宴乐之所的合乐轩、马厩、两进院落的刑名幕、考试武官射手的箭道，致祭旗纛的旗纛庙，西花厅、办事厅、花园等。

该府历经雍正、乾隆、嘉庆、道光、咸丰、同治、光绪、宣统8个皇帝，总共经历了180多年历史，直至清帝退位才废止，可算得上是清王朝历史的缩影，历史内涵十分丰富。

阅读链接

据说，直隶官府菜肴，后来衍生出100多道，其中的招牌菜之一的"李鸿章烩菜"就是以清朝辅国重臣李鸿章的名字命名的菜品。

1896年，李鸿章奉慈禧太后的旨意出使欧美，在外数月饮食不适。回到直隶总督府以后，官厨董茂山等人为他专门制作了一道烩菜，并在其中加入了保定府三宝之一的槐茂甜面酱，李鸿章品尝后竖起大拇指称赞："好厚重的酱香味！"

此后，"好厚重的酱香味"也成了直隶官府菜的典型特点。甚至也有业界专家称"直隶官府菜堪称我国官菜的'活化石'"。